GOLDMANN
ESOTERIK

Umschlagillustration:

Für die Umschlagillustration wurde ein dreidimensionales Illusionsbild aus den Bänden »Das magische Auge«, erschienen in der arsEdition München, verwendet. Und so können Sie das 3D-Bild erkennen: Führen Sie das Buch an die Nasenspitze. Blicken Sie geradeaus, als würden Sie durch das Bild hindurchsehen. Bewegen Sie das Buch langsam von sich weg und blinzeln Sie nicht. Vor Ihren Augen entwickelt sich ein dreidimensionales Bild ...

Buch

Seit mehr als einem Jahrzehnt sammeln Erhard F. Freitag und seine Frau Erfahrungen als spirituelle Therapeuten. In Seminaren und auf Vortragsreisen, in Gesprächen mit Freunden, Klienten und Schülern und aus persönlichem Erleben konnten sie erfahren, wie wichtig der Glaube an das Gute für das tägliche Leben ist.

Der Band baut auf den bisher erschienenen Büchern von Erhard F. Freitag auf und vertieft sie. Ergänzt durch eine Vielzahl wunderschöner Meditationen zu den verschiedensten Themenkreisen, die Gudrun Freitag vorstellt, ist dieses Buch ein Wegbegleiter für alle, die das faszinierende Spektrum des Positiven Denkens im täglichen Leben für sich nutzen wollen.

Autoren

Erhard F. Freitag befaßt sich als Autor, Heilpraktiker und spiritueller Therapeut seit vielen Jahren erfolgreich mit Theorie und Praxis des Positiven Denkens. Ziel seiner Arbeit ist die ganzheitliche Harmonie von Körper, Geist und Seele.

Gudrun Freitag, Psychotherapeutin und Spezialistin für Körperarbeit, leitet Seminare für Selbsterfahrung.

Von Erhard F. Freitag ist bei Goldmann
bereits erschienen:
Hilfe aus dem Unbewußten (10957 und 11774)
Kraftzentrale Unterbewußtsein (11740)
Erkenne deine geistige Kraft (11812, mit Carna Zacharias)
Die Macht Ihrer Gedanken (12181, mit Carna Zacharias)
Der Rat der Weisen (12243)

ERHARD F. FREITAG
GUDRUN FREITAG

Sag ja zu deinem Leben

Die Praxis des Positiven Denkens

GOLDMANN VERLAG

Sonderausgabe
Der Titel ist bereits unter der Nummer 12208
als Goldmann-Taschenbuch erschienen.

Umwelthinweis:
Alle bedruckten Materialien dieses Taschenbuches
sind chlorfrei und umweltschonend.
Das Papier enthält Recycling-Anteile.

Der Goldmann Verlag
ist ein Unternehmen der Verlagsgruppe Bertelsmann

Umschlaggestaltung: Design Team München
Umschlagillustration: Aus dem Buch »Das magische Auge III«,
© 1994 N. E. Thing Enterprises,
erschienen im Verlag arsEdition München und Zug
Druck: Presse-Druck Augsburg
Verlagsnummer: 43017
Ba · Herstellung: Stefan Hansen
Made in Germany
ISBN 3-442-43017-8

1 3 5 7 9 10 8 6 4 2

Danke

Vielen Dank an Beate, esoterische Spezialistin in Computerfragen, die uns bei der Bewältigung des in langen Jahren gesammelten Materials mit ihrer strahlenden, freundlichen Tatkraft so geholfen hat. Beate ist der positivste Mitarbeiter, den wir je hatten!

Wohl dem, der einen guten Lektor hat! Herzlichen Dank an den Goldmann Verlag und an unsere Lektorin Brigitte Leierseder-Riebe!

Inhalt

Vorwort 9

1 Nutze deine geistige Kraft! 11

2 Übernimm die Regie in deinem Leben! 29

3 Erleuchtung in der Straßenbahn 61

4 Opferrollen sind Relikte der Vergangenheit 73

5 Leiden ist ein wertvoller Botschafter 91

6 Die Kunst, loszulassen
Oder: Liebe und Sucht 107

7 Schmutz ist Materie am falschen Ort 127

8 Positives Denken läßt dich Gott nah sein 145

9 Unsere Aufgabe im Kosmos 159

10 Die Ehe beruft dich an ihr heiliges Feuer
Oder: Harmonie von Yin und Yang 173

11 Das richtige Parteibuch
Oder: Du bist unsterblich 197

12 Heute ist der erste Tag vom Rest deines Lebens 207

13 Kraftzentrale Unterbewußtsein 225

Vorwort

Unserem geliebten Lehrer, Dr. Joseph Murphy, verdanken wir Erfolge in Theorie und Praxis, die in wohl kaum einem anderen philosophischen Gedankengebäude möglich wären. Hypnosetherapie und Selbsterfahrungsseminare, errichtet auf dieser weltumspannenden Philosophie des Positiven Denkens, haben uns Erfolg geschenkt und unsere Praxis zur größten Europas werden lassen.

Wir alle sind tief miteinander verbunden, sind ein harmonisches Ganzes. Weil sich unsere Seelen nah sind, verwenden wir in diesem Buch das vertraute »du« der Seminararbeit, deren Erkenntnisse und Erfahrungen wir mit dir teilen möchten. Positives Denken ist eine Philosophie, die, einmal richtig verstanden, auch dein Leben auf eine vollkommen neue Basis stellen kann. Wenn du beginnst, die hier empfohlenen Geistigen Gesetze zu praktizieren, können Liebe, Harmonie, Gesundheit und Erfolg schon bald für dich in Erfüllung gehen.

Jeder von uns hat in seinem Leben mehrmals die Chance, auf seine Art und Weise zu erkennen, wie sich der göttliche Plan durch uns manifestieren und somit Mensch und Tat werden will. In diesem Sinn möchten wir dazu anregen, die positiven Gedanken wachsen und gedeihen zu lassen, bis wir all das Gute und Beste durch uns selbst und unsere Taten offenbaren.

Lernen wir, uns selbst zu lieben, für alles, was wir geschaffen haben, weil wir wissen, daß wir die Macht haben, verschiedene Dinge zu erschaffen – auch eine neue, glückliche Zukunft.

In diesem Buch liegt jene mystische Kraft, die dir, wenn du

offen bist, in Form eines Gefühls tiefer Glückseligkeit begegnen kann. Wer dieses Buch mit »ausgefahrenen« spirituellen Antennen auf sich wirken läßt, spürt die innige Verbundenheit mit jener Kraft, die ihm bei all seinen täglichen Aufgaben hilft, ihn führt und lenkt.

Danke dem »Geist«, der uns inspirierte!

Gudrun und Erhard Freitag
Puerto de la Cruz, Sommer 1991

1 NUTZE DEINE GEISTIGE KRAFT!

Glück ist jener ewige Moment, in dem Erträumtes in Erfüllung geht.

Für den Pessimisten ist Glück, kein Pech gehabt zu haben; für den »normalen« Menschen ist Glück Glückssache.

Für uns ist es die Erfüllung des Da-Seins. Dieses sogenannte Dasein ist aber kein Automatismus in die eine oder andere Richtung; den Ausschlag gibt unsere Eigenart. Unsere Verbindung zu jenem inneren Sein löst uns aus der Gebundenheit an Zeit und Raum und bringt uns so dem Ewigen näher als dem Vergänglichen. Zeiten des Glücks sind Momente der Ewigkeit. Sind Mitschwingen der eigenen Seele in der großen Symphonie der Kräfte, die die Welt gestalten.

Glück wird geboren in der Erfahrung des Geborgenseins, in der Harmonie des Ganzen. Glück ist, was uns lächeln läßt, ist ein Zustand der Selbsterkenntnis unseres Bewußtseins. Glückseligkeit erfüllt uns in dem Gewahrwerden der eigenen Natur. Glücklich ist, wer, und sei es auch nur vorübergehend, das Zeitliche segnet.

Viele empfinden Glück beim Eintreten wünschenswerter Situationen und erkennen nicht die Begrenztheit dieses Gefühls, wenn es an Äußeres, Materielles oder an Ereignisse gebunden ist. Nur im Zustand, im Gefühl des Angekommenseins, nur wenn es grundlos ist, währt es ewig.

Der Mensch, der nach Glück strebt, muß in Wirklichkeit aber jede Form von Wünschen, Wollen und Streben aufgeben. Nur dann kann ihm Glück ohne eigenes Dazutun zuteil werden. Wir können Glück weder kaufen noch zwingen. Wir können es auch nicht verdienen. Es liegt einzig und allein in unserem Bewußtsein der Gnade der Freiheit unserer wahren Natur.

Wenn du leer bist, kann es sein, daß es durch dich geschieht. Nur wenn du leer bist, kann es geschehen. Ist das der Fall, wird es wie ein Wunder sein, phantastisch, neu für diese Welt, etwas wie ein Geschenk, voll Freude und Glück. Sei leer, daß dieses Wunder geschehen kann!

Um leer zu werden, meditiere, so daß es fließen kann, denn ohne dieses Fließen bleibt der Fluß deines Lebens trocken, und es fehlt ihm an Tiefe. Niemand kann an den Gestaden deine Seele baden in dem Ozean der Liebe, der du bist, wenn es durch dich nicht geschieht.

Wenn es nicht geschieht, bist du trocken. Du wirst dich selbst vielleicht Realist nennen, aber es fehlt dir alles, um die Schönheit der Welt zu sehen. Und wenn du das Wunder des Lebens nicht wahrnimmst, kannst du nicht von ihm berichten. Deine wahre Natur ist Leere, und wenn es in deiner Leere geschieht, bekommt dein Leben Schwingen. Dann wächst du über alles hinaus, was dir in die Wiege gelegt wurde. Dann ist Gott in dir auferstanden und die Zeit der Dürre vorbei.

Der Sinn deines Da-Seins begründet sich auf deiner Funktion als Medium. Nur wenn du Kanal oder Mittler oder Brücke zwischen Himmel und Erde bist, nur wenn durch dich das Diesseits durch das Jenseits transzendiert wird, bist du jene Bewußtheit, die sich selbst erkennt und sich damit selbst gerecht ist.

Nur wenn du auf diese Weise leer bist, bist du wirklich. Alles andere ist eine Art von Vorstufe, eine Art Vorwort zu deinem eigenen Leben. Deine Geschichte beginnt erst nach dieser Einleitung.

Es ist eine Geschichte von jemandem oder von etwas, an das/den man sich gerne erinnert. *Sag ja zu deinem Leben!*

Handle im Einklang mit dieser Erkenntnis, denn sie ist deine Natur. Die Natur ist kreativ, alle Aufgaben der vergangenen Äonen erledigten sich fast wie von selbst.

Kreativität braucht Freiheit vom Denken, braucht Zeit, jenen Moment zu erwarten, in welchem die Lösung aus dem Unbewußten emporsteigt und zur Fülle wird.

Woher kommen wir? Warum sind wir da? Und wohin geht unser Weg? Was ist das Ziel der Menschheit?

Wir alle sind hier, weil wir etwas wollen. Das ist eigentlich typisch menschlich. Es gibt eine Strömung in der Philosophie, die sagt: »Höre auf zu wollen, das führt dich nur in Verstrikkung. Du setzt Ursachen und wirst frustriert sein, wenn du deine Wünsche nicht realisieren kannst. Schraube deswegen deine Wünsche runter oder höre ganz auf zu wünschen.«

Wir wissen um die Richtigkeit dieser Aussage, wir spüren aber auch, daß da etwas nicht ganz stimmen kann. Denn wir spüren von innen heraus: Evolution vollzieht sich nicht unter Umgehung der Materie, sondern *durch* Materie. Deshalb haben wir uns schon vor Jahren der Philosophie unseres geliebten Lehrers Dr. Joseph Murphy angeschlossen. Dr. Murphy betrachtet unsere Wünsche als Gottes Stimme, die zu uns spricht. Er sagt wörtlich: »Gott spricht zu uns durch unsere Wünsche.«

Daß es einen Schöpfer gibt, darüber sind wir uns sicherlich einig. Einige nennen ihn Allah, andere Brahma, andere Jehova; manche bezeichnen ihn als kreative Intelligenz, und wieder andere nennen ihn Gott. Es gibt einen Schöpfer, der all das geschaffen hat, was wir heute in der Schöpfung erkennen. Er hat uns so gemacht, wie wir sind. Er hat uns auch gestattet, Wünsche zu haben. Es wäre eine Vermenschlichung anzunehmen, Gott hätte uns die Fähigkeit zu wünschen gegeben, dann aber bei der Verwirklichung unserer Wünsche Probleme »eingebaut«.

In Wahrheit spricht Gott, wie Dr. Murphy es so treffend formuliert hat, durch unsere Wünsche zu uns.

Der »normale« Zeitgenosse ist an der Verwirklichung seiner Wünsche sehr interessiert – der materiellen wie der ideellen Wünsche. Wir haben in allen vergangenen Büchern großen Wert auf dieses Thema gelegt.*

Auf vielen Seiten findest du praktische Anleitungen, Meister der Imagination zu werden. Jemand zu sein, der die Geistigen Gesetze kennt und anwendet, der von seiner Schöpferkraft weiß und sie einsetzt – bis er schließlich erkennt, was mit der oben schon erwähnten Wunschlosigkeit gemeint ist.

Wenn wir einen Wunsch haben, dann verbinden wir meist mit diesem Wunsch oder seiner Erfüllung etwas. Wir glauben, wenn dieser oder jener große Wunsch in Erfüllung geht, sei damit Glück in unser Leben getreten. Es dauert eine gewisse Zeit, bis jeder einzelne für sich erkennt, daß jeder Wunsch, der erfüllt wird, neue Wünsche nach sich zieht. Der Horizont ist immer voller Wünsche! Und wir als Meisterschüler im Verwirklichen unserer Wünsche, die unsere eigene Schöpferkraft erkannt haben und sie auch richtig einzusetzen wissen, werden auch diese Wünsche zumindest zu einem befriedigenden Teil wieder erfüllen können.

Und immer wieder werden wir eben diese Erfahrung machen:

Das, was wir bei der Realisation der Wünsche erhofften – Zufriedenheit, Glück, Seligkeit –, war nur bedingt und zeitlich begrenzt (Stunden, Tage, Wochen). Dann gebaren diese Wünsche wieder neue.

Irgendwann dämmert uns dann die Erkenntnis, daß es etwas

* Vgl. dazu auch: Kraftzentrale Unterbewußtsein (11977); Hilfe aus dem Unbewußten (11774); Die Macht Ihrer Gedanken (10357); Erkenne deine geistige Kraft (11812)

hinter diesem Wunsch-Kreislauf geben muß, wonach unser eigentliches Streben ausgerichtet sein sollte.

Was ist nun der Unterschied zwischen wünschen und wollen? Zwei Beispiele dazu:

Du willst etwas haben. Gehe einmal zu jemandem hin und sage: »Ich will das und das haben! Gib mir das!«

Da kann es sehr schnell passieren, daß Widerstand entsteht und der andere sagt: »Das werde ich mir überlegen« oder: »Ruf mich morgen wieder an«. Er weicht dir aus, er sagt nicht direkt nein – Konfrontation vermeidet er.

Wendest du dich aber an jemanden und sagst: »Ich würde gern das und das haben. Ist es vielleicht möglich? Es wäre schön, wenn du mir helfen könntest!«, dann kann es sein, daß der andere sagt: »Ach ja, warum eigentlich nicht? Ich habe ja so viel. Ich kann dir etwas geben.«

Du merkst schon, das Herz schwingt hier mit, mehr Freundlichkeit reicht, und du gibst dem anderen die Chance, nein zu sagen. Wenn du dich aber so fordernd wie im ersten Beispiel verhältst, gibst du dem anderen nicht die Chance, nein zu sagen. Du läßt ihn eigentlich gar nicht mitspielen, du willst nur etwas haben. Du akzeptierst die Persönlichkeit des anderen nicht. Wenn du aber freundlichst fragst und bittest, dann läßt du dem anderen die Freiheit, sich zu entscheiden. In der Mehrheit der Fälle wird seine Entscheidung positiv für dich sein.

Die Energie, die aus dem Wollen kommt, ist zu hart. Sie ist egozentriert und ist nicht frei. Sie kommt nicht aus deiner Freiheit und gibt auch keine Freiheit. Deswegen solltest du nichts wollen. Auch wenn deine Natur »Wollen« ist, versuche es mit »Mögen«! Mögen solltest du möglichst viel, eben weil »Mögen« vom Herzen kommt.

Es hört sich ja auch viel besser und aufrichtiger an, wenn wir sagen: »Ich mag jemanden.«

Einen anderen zu »wollen« ist eine viel zu egoistische Haltung. Deshalb solltest du sehr bewußt diese Unterschiede in der Energieschwingung beachten. Entscheide dich für diese Lösung: »Es wäre schön, wenn du mir helfen könntest.«

Hast du dich schon mal gefragt, wie unrealistisch Wunschträume sein dürfen?

Die wichtigste Frage dabei ist sicherlich, was »realistisch« bedeutet. Ein Thema, über das sich viel sagen ließe!

Dem Logiker erscheint vieles unrealistisch, was für Mystiker durchaus machbar ist. Unrealistisch ist es, auf den Mond springen zu wollen, und das wird uns sicherlich nicht gelingen. *Was Menschen möglich ist,* ist realistisch. Wenn irgendein Mensch das, was du möchtest, erreicht hat, kannst du es auch erreichen. Das hört sich logisch an und ist es auch. Somit ist es auch realistisch. Da aber die Menschheit ständig im Entwickeln begriffen ist, ist es durchaus möglich, daß heute ein Mensch beispielsweise etwas höher springen kann als ein Mensch von gestern oder vorgestern.

Da entwickelt sich etwas, was wir heute gut nennen, zu etwas, das wir morgen besser nennen. Nimm nicht die Logik und laß sie in deinem Leben das Maß aller Dinge sein. Schau nach innen, um deine Schätze zu entdecken!

Denn das, was heute realistisch ist und heute Begrenzung darstellt, kann schon morgen durchaus nicht mehr realistisch, sondern überholt sein. Es ist keine Grenze mehr, sie ist bereits überschritten worden. Nur kannst du nicht ohne weiteres den zweiten Schritt vor dem ersten tun. Du mußt kontinuierlich vorgehen. Wenn du aber große Sprünge machen willst, mußt du vorsichtig sein, daß du nicht stolperst.

Was für dich Realität ist, hängt davon ab, was du zu können glaubst. Ist dein Glaube der Maßstab, dann liegt es doch zum größten Teil in deiner Hand, wie deine Realität aussieht. Immer wieder und zu allen Zeiten gab es Menschen, die selbst gegen den sogenannten Zeitgeist, gegen eine gewisse Logik, Ziele erreichten, die eigentlich nicht oder kaum machbar zu sein schienen. Selten handelte es sich dabei um Protektion oder gar Zufall, sondern um Fleiß, Kontinuität und das Vertrauen, es zu meistern.

Unsere Philosophie sagt: »Denke groß, und Großes wird folgen.« »Glaube an Wunder, und vieles in deinem Leben wird wunderbar sein.« Betrachte lächelnd den schmalen Pfad der »Realität«, und lasse Raum für Wunder in deinem Leben. Eine schöne Affirmation kann dir jeden Tag dabei helfen:

»Ich liebe das Wunder, das mein Leben ist. Meine Tage sind mit Freude erfüllt.«

Was geschieht aber, wenn wir bisweilen in den Stürmen des Alltags den Zugang zu dieser wunderbaren, unendlichen Kraftquelle einfach vergessen? Wie kann es sein, daß wir uns doch wieder kraft- und mutlos fühlen, obwohl wir schon diese Geistigen Gesetze kennen? Der große indische Weise Yogananda sagt dazu: »Im Stein schläft das Bewußtsein, in der Pflanze träumt es, im Tier erwacht es, und im Menschen weiß es, daß es wach ist.«

Und dennoch kann auch und gerade im Menschen Bewußtsein sehr eingeschränkt sein, nur bedingt in der Lage zu wissen, daß es wach ist. Khalil Gibran, der libanesische Poet und Philosoph, weiß uns zu trösten: »Doch das Göttliche wohnt nicht allein in eurer Brust. Vieles in euch ist noch Mensch. Und vieles in euch ist noch nicht Mensch, sondern formloser Zwerg, schlafwandelnd im Nebel, sein Erwachen suchend.«

Wenn du aber erkannt hast, daß eine Erkenntnis besser ist als ein alter Weg, kannst du sie für alle Zeiten integrieren. Die Voraussetzung: Du mußt dir des höheren Wahrheitsgrades deiner Erkenntnis bewußt sein. Je tiefgreifender eine Erkenntnis für dich ist, um so mehr wirst du sie automatisch in deine Gegenwart integrieren, und sie kann mit in deiner Zukunft wirken. Hüte dich aber davor, zu kopflastig zu werden und ständig um immer die gleichen Dinge zu kreisen! Integriere lieber eine Erkenntnis, die dir zunächst dein Verstand schenkt, indem du sie lebst. Laß sie in dein Herz sinken, und setze sie dann aktiv um, damit sie für dich nutzbar wird.

Sonst bist du auch einer von denen, der gute Ratschläge erteilt, sie aber selbst nicht befolgt.

Wenn du also Dinge erkannt hast und trotzdem immer in denselben Trott zurückfällst, nimm zur Kenntnis, daß das zunächst ein normales Verhaltensmuster ist, das in der Vergangenheit lebenswichtig war. Wenn jedoch dieses Neue wirklich richtig ist, dann solltest du es in einer tiefen Meditation in dich aufnehmen. Dann solltest du dich von ihm erfüllen lassen. Du in deiner Ganzheit solltest von dieser Wahrheit Gebrauch machen, solltest dir sagen: Ich bin in diesem Universum ein individuelles Wesen, das diese Wahrheit in dieses Universum hineinbringt. Ich bin der Kanal, über den diese Wahrheit in dieses Universum zu kommen imstande ist. Ich habe diese Wahrheit, die schon immer existiert hat, zum ersten Mal auf dieser Welt erfahren. Sie ist durch mich gekommen, und ich werde sie jetzt durch mein Leben in diese Welt tragen.

Was geschieht mit dem logischen Denken bei unseren Wünschen und Suggestionen?

Immer wieder werden wir gefragt: »Muß ich das logische Denken beim Wünschen ganz wegschieben?« Das ist eine echte »Yang«-Frage. Yang, der männliche Weg, spricht vom Wegschieben und ist ein Akt der Aggressivität. Es geht um Integrieren, nicht um Abgrenzen. Sage generell ja und nicht nein!

Nein zu sagen heißt, Barrieren errichten, Mauern aufzuziehen, zu isolieren, zu trennen. Riskiere das, was Leben ist: ein Abenteuer! Riskiere dieses Abenteuer, indem du ja sagst. Tue es nur einmal am Tag öfter als bisher. Ja zu sagen überwindet Grenzen. Ja zu sagen, löst dich aus deiner Isolation heraus. Ja zu sagen beinhaltet ein kleines Risiko, das in Wahrheit nur scheinbar eines ist. Hebe diese Grenzen auf. Es gibt also nichts wegzuschieben. Es gibt nur das, was ist, aufzunehmen, durch dich wirken zu lassen. Sag ja zu deinem Leben!

Das logische Denken hat sich in dir wahrscheinlich wie in den meisten Menschen zum Herrn aufgeschwungen. Dabei wurde der Intellekt von der Evolution entwickelt, dir zu helfen, um zu überleben. Unser Intellekt ist nichts anderes als ein Diener. So wie alles ohne Ausnahme dient, so auch der Intellekt.

Identifiziere dich nicht mit deinem Intellekt!

Dein logischer Verstand kann dir bis zu einem bestimmten Punkt helfen und dann nicht mehr. Und wenn du weitergehen willst, lerne, auf ihn zu verzichten. Lerne, ihm liebevoll zu sagen: Danke, daß du mich bis hierhin begleitet hast. Jetzt kannst du mir nicht mehr weiterhelfen. Warte hier auf mich oder sei ruhig. Nimm ihn ganz liebevoll in den Arm, tröste ihn.

Sei diplomatisch. Sei liebevoll, sage nicht nein zum Intellekt, sage lieber: Jetzt, heute nicht, vielleicht ein anderes Mal. Jetzt kommen Bereiche, in denen du mir mit deinen Wertvorstellungen, mit deinen Maßstäben einfach nicht mehr helfen kannst.

Mit diesem Verhalten sagst du nicht nein. Es ist freundlich, du kommunizierst, erklärst. In dir ist Weichheit, und du entläßt *mit* Liebe den Verstand *in* Liebe.

Und wenn du also liebevoll bist und nicht einen Akt der Aggression, des Wegschiebens daraus machst, wird der Verstand – zögernd zwar, aber immerhin – seine Begrenztheit allmählich akzeptieren. Denn er ist ja auf Logik aufgebaut, und die anderen Dimensionen, in denen du mehr zu Hause bist als er, beruhen auf einer inneren Logik, die mit dem Metermaß nicht zu messen ist. Hier ist das notwendig, was mit dem Begriff »Paradigmenwechsel« bezeichnet wird. Neue Wertvorstellungen müssen entwickelt werden. Nenne es in dem alten Sprachgebrauch: Neue Fixwerte müssen gefunden werden. Neue Eichpunkte müssen gefunden werden, an denen du das Neue dann, wenn du immer noch urteilen willst, beurteilen kannst.

Aber da ist der neue Mensch. Er geht in etwas hinein, ohne das, was ihm dort begegnet, zu werten, zu beurteilen. Er braucht keine Fixwerte mehr. Er braucht tatsächlich keine Maßstäbe mehr. Er beginnt aus der Einsicht heraus, etwas wahrzunehmen. Im wahrsten Sinne des Wortes.

Wünsche sind gottgewollt. Wir sollten nicht auf sie verzichten. Fast alles, was wir wollen, liegt auch im Bereich unserer Möglichkeiten.

Das, was wir sind, sind wir nicht zufällig. Nichts ist Zufall! Unsere Fähigkeit, Wünsche zu artikulieren, ist überlebenswichtig und nicht »zufällig« entstanden. Sie ist eine wichtige Triebkraft für unsere Existenz, für unsere Zukunft, für unsere Lebensqualität. Wünsche zu haben und zu versuchen, sie zu realisieren, ist ein typisch menschliches Verhaltensmuster.

Wir haben Wünsche in vielen, vielen Formen und haben sie in teilweise sehr abstrakte Bereiche erweitert. Jetzt sind wir dabei, unsere Wünsche zu verwirklichen, und benutzen dabei nicht immer die richtigen Werkzeuge, deshalb bleiben einige bei der Gestaltung ihres Lebensraums auf der Strecke. Diese *noch* nicht erfolgreichen Versuche, konstruktiv, schöpferisch tätig zu sein, führen bei einigen Zeitgenossen zu der Aussage: Inschallah, Allah hat es so gewollt. Nicht verwirklichte Wünsche können frustrieren.

Wir alle erkennen, daß es trotzdem falsch wäre, es gar nicht erst zu versuchen. Edison sagte nach 999 fehlgeschlagenen Versuchen, die Welt zu erleuchten: »Das waren keine Fehlschläge, sondern 999 klare Zeichen, wie es nicht geht. Ich mache weiter!«

Gott hat uns die Fähigkeit zu wünschen gegeben. Er hat uns auch die Fähigkeit gegeben, diese Wünsche zu verwirklichen.

Es ist sein Wunsch, der uns wünschen läßt und uns einlädt, teilzuhaben an der Schönheit des Lebens. An der Vielfalt, am Reichtum, Freude zu empfinden, ein gutes Selbstwertgefühl zu besitzen, eine befriedigende Tätigkeit zu haben. All das sind legale Wünsche. Wenn wir Wünsche artikulieren, die im Interesse vieler oder aller sind, wer sollte etwas dagegen haben? Wo könnte ein Prinzip sein, das sagt: Das ist Unrecht? Verzichte darauf, verzichte auf dein Glücklichsein – wo könnte das Berechtigung haben?

Wenn wir sagen: Ich wünsche mir, immer reicher zu werden, um mehr mit dir teilen zu können – was kann daran falsch sein? Reichtum verpflichtet; je mehr ich habe, um so mehr kann ich geben. Wenn du jemand bist, der weiß, kannst du dein Wissen weitergeben. Das, was wir wollen, will auch uns und soll auch durch uns Ausdruck finden. Hier besteht auch ein Interesse auf beiden Seiten. Das, was wir wollen, können wir nicht oder brauchen wir nicht durch den Einsatz hoher Energien in Existenz rufen.

Die Energie, die aus dem Glauben kommt, ist die am besten geeignete Form, das zu verwirklichen, was wir wollen.

Der Spruch »Den Seinen gibt es der Herr im Schlaf« hat hier seine Erklärung. Du solltest nicht mit Energie versuchen, etwas zu bewirken. Wer Energie einsetzt, erwartet Widerstand. Setze ein, was in dir ist, ob nun latent oder aktiv vorhanden, nutze dein Glaubenspotential! Gehe in die Stille, imaginiere, stelle dir vor und schaffe dir damit einen neuen Himmel und eine neue Erde. Das, was du dir vorstellst, ist dadurch in einer höheren Ebene bereits Wirklichkeit. Über das Glaubenspotential führt es zu einer neuen Materialisation. Ein neuer Himmel – neue Bewußtseinsinhalte – neue Manifestationen – eine neue Erde. Du brauchst also keine Hektik im Außen, mußt weder Überstunden noch Herzinfarkt, Unfall oder Krankheit riskieren. Setze deine Schöpferkraft ein, meditiere und glaube!

»Den Seinen gibt es der Herr im Schlaf«: Die, die in ihm eingemündet sind, entsprechen dem Teil, das in die Harmonie des Ganzen fließt. Aus der Individualität sind wir herausgegangen, in das Universelle wieder eingemündet. Gott erklärt uns zu seinen Teilhabern, zeigt uns sein Reich in uns, unsere Wünsche gehen bereits durch das Bewußtsein unseres inneren Wertes in Erfüllung.

Das ist eine Erfahrung, die sehr viele Menschen gemacht haben. Wir sollten erkennen, daß der Wirkungsgrad nur sehr begrenzt ist, wenn wir in der äußeren Welt etwas bewirken wollen. Es geschieht weniger, als geschehen würde, wenn wir mehr glauben könnten.

Die richtige Mischung von äußerer Aktivität, Selbstvertrauen und Glauben an die schöpferische Qualität in uns führt auf dem kürzesten Weg zu unserem Ziel.

Der intellektuelle, der kopflastige Mensch meint, er müßte im Außen enorm viel Aktivitäten beginnen, um etwas zu bewirken. Der Gläubige dagegen weiß, daß er bekommt, was er möchte. Er muß auch bestimmte Dinge im Außen tun, er muß vielleicht einige Briefe schreiben, einige Telefonate führen, er muß vielleicht irgendwo hingehen im Außen. Der Glaube aber ist es, der ihm das geben wird, was er haben möchte. Es ist einfach, zu dem zu werden, was wir letztlich sind: einzigartige Wesen. Es geht darum, Aufmerksamkeit auf die Natur unseres Seins zu lenken. Auf die Natur unseres Selbst, auf unsere Schöpferkraft. Sie dann gezielt einzusetzen, macht viel Spaß, und die Ergebnisse sind sehr angenehm. Denn es ist leichter und angenehmer, erfolgreich als erfolglos zu sein. Und wir entsprechen damit dem Fundamentalen, dem Universellen, das das erfolgreichste Prinzip überhaupt ist.

Solange du dich als materialistisches Wesen empfindest, als körperliches Wesen, wirst du im Außen suchen. Sobald du anfängst, zu durchschauen, daß das, was du suchst, im Innen in der unverschlüsselten Form existent ist, wirst du dich nach innen wenden.

Alles, was im Innen ist, ist auch außen, nur in einer anderen Ausdrucksform, die es zu entschlüsseln gilt. Wenn du willst, kannst du diese »äußerliche« Symbolik erlernen. Innen aber ist eben diese Information in reinerer und höherer Form ebenfalls für dich verstehbar vorhanden.

Entscheide dich also so früh wie irgend möglich für den Weg nach innen! Beginne mit Meditation, gerne auch mit dynamischer Meditation, um wieder in die Stille gehen zu können. Jeden Tag solltest du das tun. Du brauchst dazu nicht stillsitzen, du kannst dabei spazierengehen, auch mit einem anderen Menschen, aber schweigend. Diese Kommunikation findet jenseits aller Worte statt. Benutzt du Worte, reduzierst du wieder die Möglichkeit dieser Kommunikation auf die Möglichkeit – und damit Begrenztheit von Worten.

GEDANKEN ZUR MEDITATION

Ein Leben, das Gott wohlgefällig ist, ist ein weises Leben. Wer so lebt und die Kräfte, mit denen er ausgerüstet ist, bewußt einsetzt, dem steht alle Zeit die Schatzkammer des Kosmos offen. Das Angebot ist bei ihm immer gleich der Nachfrage, vorausgesetzt, daß die Nachfrage nach rechten Dingen und auf rechte Weise geschieht. Lasse deine Kräfte spielen, damit wirst du wie ein Magnet sein und deine Wünsche erfüllen. Dieselbe unendiche Macht, die alles im Kosmos schafft und regelt, die die zahllosen Weltsysteme im Raum leitet, sie wirkt auch in dir und durch dich. Sende deine Gedanken aus – Gedanken sind Kräfte, und wenn sie richtig gebraucht und weise gelenkt werden, haben sie eine geheime Kraft von ungeahnter Wirkung.

Verschwende keinen Augenblick mit Klagen, sondern benutze die Zeit dazu, das zu erwarten und zu verwirklichen, was du anstrebst. Bejahe alle deine Vorstellungen, daß alles bald eintreten werde; bejahe das ruhig still, aber fest und vertrauensvoll. Glaube daran, glaube unerschütterlich daran.

MEDITATION

Wähle deinen eigenen Weg, und nutze deine Kraft, denn es ist nützlich, dir bewußt zu sein, wie deine Entscheidungen dein Erleben formen.

Bist du bereit, jetzt gleich an dir zu arbeiten? Ist deine Antwort ja, dann schließe deine Augen, und laß deinen Körper sich entspannen. Laß los von allem, was dich bewegt. Bleibe eine Zeitlang im Gefühl des Entspanntseins, ohne etwas zu tun, sei einfach nur da.

Und jetzt gehe einen Tag zurück, und stelle dir alle Einzelheiten dieses Tages vor. Achte dabei auf deine Entscheidungen, die du während dieser Zeit getroffen hast. Waren deine Entscheidungen richtig? Hast du sie gerne getroffen? Oder hättest du dich lieber anders entschieden? Hast du bei deinen Entscheidungen deine Intuition beachtet? Haben dir die Folgen der Entscheidungen gefallen? Warst du ganz zufrieden mit den Entscheidungen, die du auf deine Art und Weise getroffen hast? Welche Möglichkeiten hättest du noch gehabt?

So kannst du leichter deine Entscheidungen treffen, wenn du es bewußt tust. Denn für deine Entscheidungen bist nur ganz allein du verantwortlich, auch kannst du sie so oder so treffen, Alternativen gibt es immer. Wichtig ist, daß du sie erkennst. Je mehr du dir vertraust, traust du dich mehr zu vertrauen.

Trau dich, trau dir, vertraue dir, und laß die Intuition den Schlüssel für dein Leben und deine Entscheidungen im Leben sein.

STILLE GEDANKEN

Der allwissende Geist Gottes führt mich in allem. Das Licht des Geistes Gottes strahlt über meine Wege. Der Geist Gottes wirkt durch meinen Geist und meine Gedanken. Der Vater tut die Werke.

SUGGESTIONEN

Ich bin mit dem reinen weißen Licht des Geistes gefüllt. In deinem Licht wird alles gedeihen und alles Ungute aufgelöst.

Ich bin auf dem richtigen Weg.

2 ÜBERNIMM DIE REGIE IN DEINEM LEBEN!

»Wie kann ich lernen, mich zu lieben?« werden wir immer wieder gefragt. Unsere Antwort darauf klingt verblüffend einfach: indem du über das meditierst, was du bist. Indem du dich selbst erkennst. Indem du ein Liebender bist, wirst du dich lieben, wie Gott dich geliebt hat, als er dich erschuf.

Diese Frage ist wahrscheinlich die wichtigste Frage überhaupt. Es kann nur Fortschritt in deinem Leben geben, wenn du lernst zu lieben. Und der erste Schritt dazu ist, dich selbst zu akzeptieren. Selbstakzeptanz bedeutet: Du kannst dich annehmen, du magst dich, du hast eine hohe Meinung von dir. Du bist dein eigener Fan, und du solltest dich um Autogramme bitten. Du solltest sagen: Ich bin Licht der Welt. Ich bin ein Träger des Lichts. Und irgendwann sollte aus diesem jetzt noch vorsichtig ausgedrückten Akzeptieren Liebe entstehen.

Du magst dich diesem Punkt noch zögernd nähern. Wie schwer es ist, kannst du erkennen, wenn du morgen im Spiegel die Kommunikation mit dir aufnimmst. Wenn du dich anlächelst oder wenn du dir ein paar nette Worte sagst, kommst du dir schon dumm vor. Sind sie allgemeiner Natur, geht das vielleicht. Aber sobald du persönlich wirst, fängt es an, schwierig zu werden. So zum Beispiel, wenn du zu dir selbst sagst: Gut siehst du aus – so richtig ausgeschlafen wieder! Oder: Ich kenne dich zwar nicht, aber ich putze dir trotzdem die Zähne.

Das ist doch schon sehr komisch. Da hast du ein eigenartiges Gefühl im Bauch, aber dann irgendwann sollte es dir möglich sein – egal ob nach drei Tagen oder nach drei Monaten –, dir eine größere Liebeserklärung zu machen. Das ist schwer. Deine Ratio versucht das zu verhindern, vielleicht jahrelang. Immer wieder verhindert sie das, weil es ihr irrational erscheint.

Aber denke daran: Du wirst einen anderen lieben können, wenn du dich selbst liebst. *Wir* sind mit unserer Verhaftung in der dualen Welt *Maßstab* für alles andere. Nur das, was du dir gegenüber an Liebe empfindest, kannst du auch der Welt gegenüber an Liebe empfinden. Wir gehen immer von uns selbst aus. Das, was du für dich erkannt hast, hast du für die Welt erkannt. Wenn du das, was du für dich erkennst, über die Welt erkennst, ist das legitim und richtig. Das aber, »erkennst«, ist immer eine Aussage deiner selbst. Also gilt es von vielen Seiten her, daran zu arbeiten, dich anzunehmen, dich zu mögen, dich zu akzeptieren, dich an dir zu erfreuen. Die Amerikaner sagen, wörtlich übersetzt: »Enjoy yourself« – »Genieße dich selbst«.

Kannst du das, dich selbst genießen?

Wie können wir lernen loszulassen?

Loslassen geschieht über Bewußt-Werden. Lernen ist ein Akt des Vertrauen-Entwickelns.

Festhalten ist ein Ergebnis von Angst. Festhalten ist eine Faust zu machen. Das ist kein natürlicher Zustand, denn eine offene, gelöste Hand braucht keine Energie, eine geschlossene Hand braucht Energie.

Du hast keine Fläche frei, etwas zu empfangen, weil du ja bereits etwas in der Hand hast. Es kann nicht Neues geschehen, du hast Angst. Du gibst dich mit dem, was ist, zufrieden, obwohl du viel mehr haben könntest. Aber du hast Angst, es könnte etwas sein, womit du nicht gleich umgehen kannst. Das fürchtest du, denn du siehst im Neuen ein Risiko und begnügst dich daher mit dem Alten. Dazu hat dich deine Angst verführt, ein Verhaltensmuster, das den meisten Menschen eigen ist.

Besonders das Yin-System, die weibliche Psyche, ist in diesen Dingen allein gelassen worden. Sie neigt besonders zu diesem Klammereffekt und muß oftmals leidvoll erfahren, daß er genau das Gegenteil bewirkt von dem, was sie eigentlich möchte. Festhalten wollen führt immer zu loslassen müssen. Aber das ist das, was Yin zur Zeit sehr intensiv lernt: Im Freiheit-Gewähren liegen Freiheit und Wachstum. Im Festhalten liegen Enge und Stagnation und dann wieder über das entstehende Leid Erkenntnis.

Suchst du Gottvertrauen, wirst du im Finden loslassen lernen. »Wo der Herr nicht das Haus baut, da arbeiten umsonst die, die daran bauen.« Laß deine Ängste nicht dein Programm werden! Wenn sich immer gleiche Situationen wiederholen, sind auch immer gleiche Ursachen gesetzt worden.

Akzeptiere deine Fehlerhaftigkeit, aber wiederhole deine Fehler nicht so oft, weil das ja langweilig ist. Und du solltest weder dich noch andere langweilen. Akzeptiere, daß du hin und wieder etwas falsch machst, aber das muß nicht immer das gleiche sein.

Mach jeden Tag etwas anderes falsch! Das ist viel interessanter, und du hast immer noch viele Leben lang Dinge vor dir, die du falsch machen kannst.

Angst beengt dich und zeigt dir nicht die Möglichkeiten der Wahl, einmal etwas anders zu machen. Du hältst fest an Verhaltensmustern, aufgrund derer immer die gleichen Ergebnisse zu Tage treten.

Entlasse diese Angst!

Von dem Sternzeichen Skorpion sagt man, es verfüge über tödliches Gift. Und dann gibt es den entwickelten Skorpion, der dieses Gift in den bestmöglichen Balsam transformiert hat. Wir wissen ja auch, daß aus Schlangengift bei der geeigneten Potenzierung ein Heilmittel entsteht, daß das hochgiftige Arsen als Medikament helfen kann.

Erkenne, daß deine Angst dir bewußt wird! Löse sie auf, und wandle sie zurück in das, was sie einmal war: Freude, gute Gefühle, die du nicht gelebt, nicht geäußert hast und die dann sauer geworden sind. Versuche dir so einfach klarzumachen, daß deine Ängste, deine Negativität, Aggressivität nicht gelebte, ursprünglich positive Gefühle gewesen sind. Liebe dich! Das ist die einzige Aufgabe, die wir haben, weil über diesen Schritt ein Potential frei wird, die Welt, die Schöpfung und alles, was ist, zu lieben. Irgendwann mußt du beginnen zu erkennen, daß jegliche Form von Protektion und Unterstützung für dich nur von dir ausgehen kann. Daß du nichts und niemandem in der Welt nützt, wenn du nicht dein größter Förderer bist, du dich nicht selbst unterstützt. Wo du dich selbst stützt, wirst du im Außen unendlich viel Unterstützung erfahren, von denen, die dir in vielfältigster Form begegnen.

Sei dein Protektor! Sei *du* derjenige, der dich fördert! Und wenn du das getan hast, kommst du an einem Punkt an, der Zufriedenheit heißt, Zufriedenheit mit heute, mehr nicht.

Alles andere zählt nicht, dann kommt der nächste Schritt. Dann nämlich beginnst du, Protektor, Förderer, »Lifter« für andere zu sein. Für einen anderen, für deinen Partner, deine Familie, deine Sippe, für viele Menschen. Und wenn du auf diesem Gebiet fortgeschritten bist, kommt es auch ganz automatisch, daß du Förderer für diesen Planeten wirst. Du wirst anfangen, planetarisches Denken zu üben, und wirst diesem Kosmos etwas hinzufügen wollen. Was wird das wohl sein, was ich diesem Kosmos hinzufügen kann?

Soll ich einen neuen Planeten kreieren, eine neue Sonne oder ein ganzes Sonnensystem? Oder kann ich etwas anderes tun? Kann ich in höheren Schwingungsebenen diesem Kosmos etwas von mir anbieten: freundliche Gedanken, Spiritualität, mein Bewußtsein, meine Erkenntnisse, meine Liebe, die durch mich in dieses Universum gekommen ist? Dann wird kosmisches Denken zu dir strömen, und du wirst Verantwortung für den ganzen Kosmos übernehmen.

Dann ist der Endzustand nahe, in dem du deinen Körper vergeistigt hast, in dem du wieder dorthin gekommen bist, wo dein Weg begonnen hat, bei Gott. In Alpha und Omega.

Der Anfang ist: Beginn Verantwortung für dich zu übernehmen. Beginn dich zu akzeptieren! Beginn dich zu fördern! Beginn dich zu lieben – dann geht es von allein weiter. Viele versuchen an diesem Punkt vorbeizukommen und beim zweiten Schritt anzufangen. Sie müssen stolpern. Es kann nicht anders sein.

Alles, was du kannst, hast du gelernt, und alles, was du nicht kannst, hast du nicht gelernt. Wenn du etwas lernen möchtest, wirst du es tun, und du wirst es auch bald können. Trenne also eine Hirnwindung ab, und laß ihr die Aufgabe zu urteilen, denn das kannst du schon sehr gut. Das ist etwas, was dir bisher nicht geholfen hat. Das hat dir in der Vergangenheit geholfen, Gefahren abzuwenden, wenn du verfolgt wurdest, vor zehn-, zwanzig-, dreißigtausend Jahren, wo es richtig war, zu urteilen, wie groß eine Gefahr war oder wie klein.

Sei Zeuge bei Vorgängen und Prozessen! Je mehr du übst, Geschehnisse aus einer Position der Zeit- und Raumlosigkeit heraus zu beobachten, ohne sie zu beurteilen, weil urteilen immer verurteilen ist, um so weniger wird dir etwas pessimistisch, negativ oder destruktiv erscheinen. Dann wirst du nämlich anfangen, auch die andere Seite des Geschehens zur Kenntnis zu nehmen. Du bist von deiner Umwelt, der Gesellschaft geformt worden. Unsere Gesellschaft ist seit Jahrhunderten vor allem darauf geeicht, vorwiegend das Negative zu erkennen. Das Haar in der Suppe fällt den meisten sofort auf. Dieses Verhaltensmuster ist kein Charakterfehler, sondern einfach nur ein Relikt aus der Urzeit und hat damals dem Überleben gedient.

Höre auf, ein Spiel zu spielen, das langweilig ist. Spiel doch lieber das Spiel, *das* zu sehen, was an einem Prozeß konstruktiv und gut ist. Wenn du schon subjektiv sein willst, wenn du schon an der Polarität hängst, dann sei doch so fair und betrachte auch die andere Seite des Menschen!

Behaupte beispielsweise nicht, deine Eltern seien pessimistisch. Das stimmt nicht! Kein Mensch ist nur pessimistisch. Er gibt sich dir gegenüber vielleicht so, aber er ist es nicht im tatsächlichen Sinne; du empfindest es so. Er hat bei dir etwas erreicht mit dieser Art, um Einfluß auf dich auszuzüben. Das aber solltest du nicht »pessimistisch« nennen. Er bewirkt etwas bei dir oder will etwas bewirken.

Es gibt zum Beispiel keinen Atheisten. Ein Atheist ist bekanntlich oder soll jemand sein, der an nichts glaubt – das gibt es nicht. Atheist ist ein Wort oder ein Name von etwas, das es nicht gibt.

Ein Atheist ist jemand, der glaubt, aber das sagt er dir nicht. Er hat eine Masche, so wie du viele Maschen hast, um andere auf dich aufmerksam zu machen. Er arbeitet nämlich mit der Masche, nichts zu glauben. Du fällst darauf rein und versuchst nichts anderes, als ihn ständig von etwas überzeugen zu wollen. Dieses Spiel gefällt dem Atheisten, deshalb spielt er es. Laß einen Atheisten einmal sehr geschickt über das reden, was er glaubt. Aber frage ihn nicht: »Ja, was glaubst du denn?« Das kannst du ihn nach dem zweiten Glas Wein fragen. Vorher wird er bei dem Spiel »Ich glaube an gar nichts« stur bleiben. Aber gib ihm zwei Glas Wein, und stell ihm die Frage, und er wird dir eine ganz, ganz lange Geschichte erzählen über das, was er alles glaubt. Durchschaue einen Prozeß, bleib nicht an dem Äußeren hängen! Bleib auch nicht an der scheinbaren pessimistischen Haltung der Menschen in deiner Umgebung hängen.

Versuche aus dem, was auf dich Einfluß hat, das Beste für

dich zu entnehmen. Versuche dann das, was du wirklich als destruktiv zu erkennen glaubst, zu überhören. Höre aber nicht aktiv- und kraftaufwendig weg, sondern lerne, durchlässig zu werden. Laß das, von dem du nicht möchtest, daß es ist, durch dich einfach hindurchgehen, ohne zu reagieren.

Fange damit in Bereichen an, die dir nicht so wichtig sind. Dort wird es dir zunächst eher gelingen. Wage dich dann in Bereiche vor, die dich mehr tangieren, in Situationen, die dich sehr stören. Begib dich bewußt in sie hinein, um die Widerstandslosigkeit zu praktizieren. Das ist eine wunderbare Übung, und du lernst dabei, frei zu sein von Einflüssen, die du nicht magst. Dann kommt der nächste Schritt:

Jetzt hörst du damit auf, frei von Einflüssen sein zu *wollen*. Du reagierst also nicht mehr auf den Pessimismus anderer, sondern erkennst, daß du etwas gesehen hast, was zum Spiel des anderen gehört hat, auf das du eingegangen bist.

But the game is over. – Das Spiel ist vorbei.

Eine gute Möglichkeit, sich im praktischen und ganz konkreten Positiven Denken zu üben, ist die Kommunikation mit anderen. Vielleicht kennst du einige meiner früheren Bücher bereits, hast das eine oder andere sogar schon mehrfach gelesen. Tausche dich doch darüber mit anderen aus, die dich dann an ihren Erfahrungen teilhaben lassen!

Ich empfehle einen kleinen Freundeskreis zu gründen für fünf bis zehn Personen, die sich einmal in der Woche bei Kaffee und Kuchen treffen, um in Ruhe über die Geistigen Gesetze zu sprechen, über das, was ist, und das, was noch nicht ist; über Realität und Irrealität, so daß du verstehen lernst.

Mache ein kleines Referat! Lehre das, was du lernen willst, das ist der beste Weg voranzukommen. Sei Lehrer und Lernender zugleich, Meister und Lehrling. Wenn du mit deinem Verstand versuchst, das Gelesene zu erfassen, ist dieser Prozeß in der Tat langwierig.

Lerne es, wenn du es willst. Aber parallel solltest du auch lernen, im übergeordneten Sinne die Botschaft zu hören, die nicht in den Worten liegt.

Wenn du am Wort hängst, wird es dir wie der Christenheit gehen, die an der Buchstäblichkeit der Bibel hängt, die durch häufiges Übersetzen so entstellt ist, daß eben durch die Buchstäblichkeit, mit der wir die Bibel interpretieren, Unverständliches entsteht und sogar Falsches. Der Versuch der buchstabengetreuen Interpretation muß, wenn die Botschaft zwischen den Zeilen ist, zu Irrungen und Fehldeutungen führen. Wenn du im übertragenen Sinne bereit bist und die Botschaft der Bibel zur Kenntnis nimmst, wirst du sie verstehen, und sie wird das wichtigste Buch deines Lebens werden.

Dr. Murphy spricht in diesem Zusammenhang vom Fluch der Buchstäblichkeit. Hänge nicht an dem Wort, an den Buchstaben, sondern suche den Geist zu ergründen, der die Worte geformt hat.

Harmonie ist eine Schwingung, ein Gefühl, das sich durch geschriebene Worte nicht ausdrücken und natürlich deshalb auch nicht verstehen läßt. Intellektuell ausgedrückt, kommst du zum Ziel durch Versuche. Versuche das, was du über dein Ziel weißt, auszuprobieren.

Methaphysisch formuliert, führt dein Weg zum Ziel, indem du dich mit den Eigenschaften von Harmonie beschäftigst und dich dann damit identifizieren kannst.

Was ist die Eigenschaft von Harmonie? Harmonie bedeutet Balance und Ausgeglichenheit; Ursache und Wirkung sind im rechten Verhältnis zueinander. Die Polaritäten von Hell und Dunkel, Yin und Yang ist gleichwertig, reicht sich stillschweigend die Hände und lächelt.

Ergänze die Eigenschaften von Harmonie, bis du weißt, was als Idee hinter dem Begriff gemeint ist. Dann werde selbst zu Harmonie. Stell dir vor, du wirst von zehn Fernsehkameras gefilmt, während du als Schauspieler in einem Eurovisionsprogramm Harmonie verkörperst.

Spiele eine Stunde lang perfekt den höchstmöglichen Ausdruck dessen, wonach sich alle sehnen. Nur du kannst durch dein einmaliges Talent die Symbolik dieses Ziels demonstrieren. Stell dir vor, es geht um den Fortbestand der Menschheit. Darin, daß du sie lehrst, was Harmonie ist, liegt deine einzige Chance zu überleben. Stell dein Leben in den Dienst dieser einzigen Stunde und du wirst zu dem, der am meisten über Harmonie weiß.

Auch Gesundheit ist eng mit Harmonie verknüpft. Gesundheit ist das, was wir mit ganz sein, heil sein, heilig sein verbinden. Ein Heiliger ist jemand, der heil ist.

»Ganz« bezieht sich dabei nicht allein auf die körperliche Ebene, sondern schließt Seele *und* Körper *und* Geist mit ein; sie sind die sich ergänzenden Zulieferer zu dem Ganzen. Gesundheit ist, wenn du in Resonanz zum Kosmos bist. Wenn der Teilbereich, der unter Umständen aus der Harmonie herausgefallen war, wieder in die Ganzheit zurückkehrt.

Du kannst Gesundheit, Harmonie und Liebe in dir verwirklichen, indem du dir über diese Begriffe Gedanken machst. Indem du dir von Gesundheit, Liebe und Harmonie sagen läßt, was sie sind, wie und was das Wesen ihrer Natur ist.

Ich habe mein letztes Buch im Gästehaus Krone auf Teneriffa geschrieben. Es ist eine wunderschöne Oase der Ruhe und Geborgenheit, in der sich der Traum zweier reifer Seelen, in Liebe anderen zu dienen, verwirklicht hat.

Horst Krone gehört zu jenen Menschen, die Suchenden helfen, sich und die Welt zu erkennen. Er selbst ist eine weitentwickelte Seele mit tieffundiertem Wissen, und seine Hilfe hat für viele beigetragen, ein erfülltes, glückliches Leben zu führen. Kosmobiologie, wie er sie lehrt, ist die geniale Weiterentwicklung von Astrologie und hat uns vollkommen überzeugt, daß er ein gottbegnadetes Medium ist, das sich in den Dienst der Nächstenliebe gestellt hat. Horst Krone arbeitet mit dem von ihm weiterentwickelten Pendel. In seinem paradiesischen Garten befindet sich eine Vielzahl von Pflanzen, die der Pflege eines Gärtners bedürfen, der mehr als nur das Einmaleins der Pflanzenkunde beherrscht, denn der Boden ist auf Teneriffa zum Teil nährstoffarm. Er geht hin und fragt die Pflanze mit dem Pendel: »Was möchtest du haben? Was brauchst du?« Und die Pflanze sagt es ihm. Er nimmt unter Umständen einen biologischen Dünger, hält ihn der Pflanze hin und fragt dann die Pflanze: »Willst du das?« Und die Pflanze antwortet über das Pendel.

Du kannst mit jeder Form der Evolution, der Schöpfung, Kontakt aufnehmen, und du kannst mit Gesundheit, Harmonie, Liebe und Zufriedenheit sprechen.

Dein Intellekt wird es nicht akzeptieren, wenn du sagst, ich spreche heute nachmittag mit Gesundheit und Liebe. In Liebe und in Harmonie, wird er sagen, könne man vielleicht noch tun, aber mit Liebe und Harmonie sprechen, das geht nicht, sie haben doch keine Stimme. Setze dich über diese Barrieren deines Kopfes hinweg! Schließe deine Augen, meditiere und sprich die Liebe an, die Harmonie, die Gesundheit.

Beginne einen Dialog mit ihnen, und frage sie, was du wissen möchtest.

Frage sie: Was bist du? Wie bist du? Wer bist du? Was möchtest du? Was möchtest du nicht? Und entsprechend deiner Sensibilität wird dann innerhalb von wenigen Minuten oder Tagen eine Antwort dasein. Eine sehr feine Stimme, die sich zunächst vielleicht nur in deinen Gefühlen ausdrückt, die später aber auch hörbar ist. Nicht als eine Stimme, die von außen kommt, sondern als Stimme, die du mit anderen Ebenen deines Wesens wahrnimmst als denjenigen, mit denen du die Welt erfährst. Eine andere Ebene, mit der du dann in Kommunikation kommst. Harmonie, Liebe, Gesundheit und Zufriedenheit sind eine Schwingung, eine Ebene, auf die hinauf du dich begeben kannst, wenn du in Resonanz bist. Das ist eigentlich die schönste Aufgabe, die wir Menschen haben.

Wie können wir das, was wir erkannt haben, auch umsetzen? Diese Frage beschäftigt uns immer wieder. Es reicht nämlich nicht aus, wenn du von der Harmonie weißt; du mußt sie auch aus deinem Kopf in dein Herz sinken lassen. Du solltest das, was du von Harmonie weißt, von Liebe und Gesundheit, ganz praktisch und direkt zu leben versuchen. Und Leben heißt ja, ausdrücken, was du weißt. Wissen kann unter Umständen zur Last, zur Belastung werden, nämlich dann, wenn du selbst erkennst, daß das, was du weißt, nicht mit Leben erfüllt wird. Du kommst mit dir selbst in Schwierigkeiten, wenn du sozusagen wider besseres Wissen handelst.

Der wichtige, der eigentliche Schritt ist, daß du das, was du da erkannt hast, *lebst.*

Statt dessen suchen wir oftmals andere, die das vormachen. Da gehen wir von Seminar zu Seminar, in der Hoffnung, daß da jemand sein könnte, der uns das schon vorlebt. Du suchst jemanden, der so ist, wie du sein sollst.

Den wirst du nie finden! Du selbst wirst es sein müssen, der sich da hineinbegibt und dann versuchsweise, zögernd, wie ein kleiner Mensch, seine ersten Schritte tut.

Übe dich in Geduld, in der Kunst zu hoffen.

Wer bis zu seinem achtzehnten Lebensjahr nur Englisch gesprochen hat und dann nach Frankreich umzieht, kann doch ohne allzugroße Mühe die Sprache des neuen, anderen Landes erlernen. Wenn ich zwanzig Jahre lang einer Beeinflussung unterlag, die mich geprägt hat, ist es doch noch lange kein Grund, auch die nächsten fünfzig Jahre weiterhin unter dieser Prägung zu leiden.

Wenn wir glauben, unsere Jugend und Erziehung seien destruktiv und beengend gewesen, dann können wir gleichzeitig mit dieser Erkenntnis beginnen, uns auf unsere eigenen Möglichkeiten zu besinnen, um unser Leben neu zu gestalten.

Ich kann das, was ist, verwandeln. Dazu müssen wir nur ein paar wichtige Gesetzmäßigkeiten erkennen und praktizieren. Und die sind so sehr einfach, daß genau darin das Problem liegt. Wir sind eher in der Lage, eine komplizierte Kombination von Knöpfen zu drücken, um etwas Bestimmtes zu wollen. Das können wir uns merken, da können wir uns reinfühlen. Das beherrschen wir.

Aber die einfachsten Dinge zu tun, da sagt unser Verstand sofort: Ja, wenn es so einfach wäre, dann würden es ja alle machen. Und schon ist die Sache erledigt. Weil das Ja zu einfach ist. Das ist das Problem eines Redners über Geistige Gesetze, der etwas ganz Einfaches möglichst einfach ausdrücken sollte. Und das ist schwierig.

Hochkomplizierte, hochintellektuelle Redewendungen ausgefeilter Rhetorik gefallen dem Intellekt besser. Nur, das ist nicht der richtige Ansprechpartner für dieses Thema. Er versteht davon nichts.

Manch einer glaubt, auf der falschen Straßenseite geboren zu sein, die falschen Eltern gehabt zu haben, mangels hochwertiger Schulbildung weniger Chancen im Berufsleben zu haben. Schuldzuweisungen sind immer, solange die Opferrolle gespielt wird, das gängige Begründungsmuster, warum das eigene Leben nicht dem allgemeingültigen Ideal entspricht. Langjährige Untersuchungen beweisen, daß weder Diplome noch akademische Abschlüsse über den Erfolg eines Menschen entscheiden, sondern allein seine Meinung, sein Glaube, fähig oder unfähig zu sein. Ein anerkannter Aberglaube meint, Hochschulabschlüsse brächten Erleichterung. Untersuchungen zeigen jedoch deutlich auf, daß der Autodidakt gleichwertige Chancen hat.

Diplome und Urkunden besitzen nur den Wert, von dem du glaubst, ihn auf dich übertragen zu können. Oftmals sollen sie vor allem mangelndes Selbstwertgefühl kompensieren.

Wer sich mit Medaillen, Ehrungen, Zeugnissen aufwerten will, spielt Verstecken und versucht, seine eigene Meinung von sich vor sich zu verbergen. Dieses Spiel funktioniert nicht und wird zudem von denen, die es auch spielen, leicht durchschaut. Somit ist es wertlos.

Alles, was wir damit sagen wollen, ist: Was zählt, ist nur Selbstwertgefühl, basierend auf Wissen und Selbsterkenntnis – sonst nichts. Niemand kommt auf Dauer an der sogenannten »Arbeit an sich selbst« vorbei.

Die solide Grundlage, die so oft gefordert wird, ist nicht die Schule oder der orthodoxe Beruf, sondern das auf tiefem Glauben basierende Vertrauen auf die Liebe, auf Gott.

Wir wissen, daß diese Worte der Logik des Intellekts widersprechen, aber wir begegnen uns und unserer Meinung in Form der gemachten Erfahrung wieder. Eine solide Berufsausbildung ist nötig, selbstverständlich auch mit allen Zeugnissen. Wo es wirklich um die Liebe zum Beruf geht, darf sie nicht in Abrede gestellt werden.

Aber, daß ein Kaufmann Medizin studiert, weil es für ihn besonders ehrenvoll ist, einen Dr.-Titel dem Namen seiner Handelsniederlassung voranzustellen, ist unsinnig.

Du hast wahrscheinlich schon deine Berufsauswahl getroffen, aber scheue dich nicht, »umzudisponieren«, wenn dir danach zumute ist. Brauchst du für dein Berufsziel Ausbildungsnachweise, dann ist es selbstverständlich sinnvoll, sie zu erarbeiten. Hier geht es schließlich um Erfüllung und nicht um schmückendes Beiwerk. Es gibt die sogenannte »falsche« Straßenseite nur in unserer subjektiven Welt.

Stell dir eine Fernsehkamera vor. Sie macht ein Bild aus einer vom Regisseur vorbestimmten Perspektive. Das Bild zeigt eine Seite der Situation oder des Gegenstandes. Verändert die Kamera ihre Position, kommt es zu einer anderen Perspektive, zu einer anderen Darstellung der immer nur äußeren Umrisse der Szene. Dieser andere Aufnahmewinkel ist ebenso subjektiv wie der erste und zeigt immer nur Äußerliches, nie Tatsächliches. Das Sichtbare ist immer Perspektive. Selten nur scheint durch, was sich hinter der Form verbirgt.

Alle äußeren Umstände unseres Lebens sind Momentaufnahmen, die das, was wirklich ist – das, was wirkt –, nicht in genügender Intensität aufzeigen und uns somit nur bruchstückhaft zur Kenntnis bringen.

Dein Leben, so wie es dir erscheint, ist das Rohmaterial, das es zu gestalten gilt. Erkenne hinter der äußeren Erscheinung die liebevolle Hand desjenigen, der alles arrangiert hat. Dein Mißtrauen, deine Angst, ob du wohl auch reichlich bedacht wurdest, verbauen dir leicht die Sicht auf die Vielfalt der Möglichkeiten. Liebe ist das einzige Motiv des Schöpfers. Verändere deine Schwingungsebene, so daß du die in deiner persönlichen Biographie reichlich enthaltene Liebe spürst.

Nicht in sich ständig verändernden Erfordernissen liegt die Aufgabe des heutigen Tages. Die Liebe ist es, die dich fordert, herauszukommen aus dem Alltag, der zum Festtag werden möchte – könntest du es nur glauben.

Deine Zukunft hängt von der Liebe ab. Sie ist das Maß der Dinge. Du hast die Freiheit zu entscheiden, wieviel sie in deinem Leben Regie führt. Das Heitere sei Meister deiner Seele!

Die Integration des Erkannten ist dabei entscheidend. Eine Erkenntnis, die du hast und nicht integrierst, ist wertlos. Du kannst wirklich auf die Erkenntnis verzichten, wenn du nicht vorhast, sie zu leben. Im Gegenteil, sie macht sogar deinen Kopf »lastig« – kopflastig. Es ist wichtig, daß du, wenn du etwas erkennst, dir vornimmst, es auch mit Leben zu erfüllen.

Der erste Schritt dazu ist, dir bewußt zu machen:

Hier ist meine Erkenntnis. Was bin ich bereit und in der Lage zu tun, um daraus Praxis werden zu lassen? Diese tausend Tonnen Theorie mußt du bereit sein in jene drei Gramm Praxis umzutauschen, die schwerer wiegen. Auch wenn das Geschäft zunächst schlecht aussieht, tausend Tonnen Theorie gegen drei Gramm Praxis, sind sie doch gewichtiger. Nur wenn du das Begriffene auch praktizierst, bist du glaubwürdig!

Wenn Liebe unser Leben bestimmen soll, ist es dann überhaupt angebracht, sich zu wehren und zu behaupten?

Da hat der Schöpfer Möglichkeiten in uns hineingelegt zu erkennen, was wir ändern können und was wir nicht ändern können. Und er hat uns die Weisheit gegeben, beides voneinander zu unterscheiden.

Weisheit ist unabhängig vom Intellekt, und wer nur intellektuell ist, kann nicht weise sein. Er kennt nur kluge Sprüche, aber die Weisheit dieser Sprüche löst bei ihm nichts aus. Er ahnt, daß irgend etwas verborgen ist in diesen Sprüchen, aber er erlebt sie nicht und erfüllt sie nicht mit Leben. Die Weisheit zu unterscheiden, was du ändern kannst und was nicht, ist allzeit da und bereit; du mußt nur Verbindung mit ihr aufnehmen. Sie wartet schon lange, und sie wird auch nicht traurig, wenn du bis heute noch nicht reagiert hast. Sie ist niemals böse; sie ist immer bereit für dich, wann auch immer du um Hilfe bittest.

Aber dein Verstand glaubt Federn lassen zu müssen, wenn du diesen Prozeß beginnst. Und je nach Machtbefugnis deines Intellektes kann es zum Kampf kommen.

Du bist der Schlichter, der zwischen der Weisheit und dem Intellekt einschreiten kann, indem du dem Verstand liebevoll sagst, daß er für so viele Dinge gut zu gebrauchen ist, indem du ihn nicht zum Tempel hinausjagst. Sonst wird er dir nämlich sehr böse sein und dir viele Fallen stellen, um zu beweisen, daß er eben doch der Bessere ist.

Mach deinen Verstand – wie begrenzt oder großartig auch immer er ist – zu deinem Freund, zu deinem Verbündeten, damit er sich nicht gegen dich richtet.

Viele Menschen haben sehr viele Feinde in sich selbst. Ihre eigenen Gedanken, ihr eigener Intellekt sucht ständig nach Mitteln und Wegen zur Destruktivität. Mach all die zu deinen Verbündeten, die du kennst! Es gibt letztlich keine Feinde, es sei denn, du machst sie zu solchen. Aber aus der Natur eines jeglichen Prozesses, eines jeglichen Menschen heraus, wird dir nie Feindschaft entgegenkommen, nur von dir eventuell ausgelöst oder erzwungen.

Du mußt dich zu wehren lernen, wo du spürst, manipuliert zu werden. Du mußt unterscheiden lernen, was höhere Wahrheit, höhere Priorität für dich hat. Wenn du gerne in einer Gruppe von netten Menschen bist und die möchten heute abend ausgehen und sagen: »Komm doch mit!« – aber du möchtest viel lieber deinen Volkshochschulkurs besuchen, dann mußt du entweder zu deinen Freunden oder zu deinem Kurs nein sagen. Du mußt entscheiden, was wichtiger ist.

Wenn du dich einmal entschieden hast, eine Ausbildung zu machen, einen Lehrgang zu absolvieren, dann sollte diese Entscheidung von anderen nicht so ohne weiteres wieder umgestoßen werden können. Du solltest stabil sein und dich einfach wehren auf ganz liebevolle Weise: »Das ist lieb, daß ihr an mich gedacht habt. Ich kann meistens, aber gerade heute abend habe ich meinen Kurs. Habt Verständnis dafür, es ist sehr wichtig für mich. Ich verstehe, daß ihr gern mit mir zusammen seid, und freue mich darüber. Aber ihr werdet sicherlich verstehen, daß mein Kurs heute im Vordergrund steht.«

Deine Freunde werden dich verstehen und deine Entscheidung akzeptieren. Alles andere wäre egozentriert. Vielleicht wollte da jemand einen lustigen Kumpanen haben, vielleicht bist du witzig und hättest etwas zu diesem Abend beitragen sollen. All das ist in Ordnung, aber setze Prioritäten! Wehre dich an der Stelle, wo du dich entschieden hast, dich zu wehren. Lerne, Entscheidungen zu treffen!

Meditiere und ergründe in diesen Meditationen deinen Weg. Laß das Bewußtsein das Licht sein, das dir den Weg leuchtet. Das kannst du sehr wörtlich nehmen. Übergeordnetes Bewußtsein ist etwas, was um die Ecken schauen kann, auch über Täler und Berge blickt und selbst im Dunkeln sehen kann. Es bringt dir die Botschaft von dem, was dir begegnen wird. Der Intellekt sagt: Das kann nicht sein, das ist unlogisch! Aber frag ihn erst gar nicht! In deinem Herzen weißt du, daß es möglich ist. Du solltest nicht Maßnahmen ergreifen müssen, um dem, was auf dich zukommt, entgegnen zu können; das wäre ein Symptom von Angst. Du solltest dich vielmehr darauf vorbereiten, möglichst das, was auf dich zukommt, zum Besten zu formen. Denn das ist dein Auftrag auf dieser Welt. Das, was ist, in jenes überzuführen, was sein möchte oder was sein soll.

Sorge durch die Weisheit deiner Entscheidungen, daß das auf dich zukommt, was du möchtest, denn sonst mußt du zufrieden sein mit dem, was ist. Du bist hier, weil du ein Magier, ein Transformator bist, weil du dieser Welt zum Wandel, zur Veränderung helfen sollst.

Übe diese übergeordnete Intelligenz zu ergründen, mit ihr zu kommunizieren, in ihr zu sein. Mach sie zu deinem Führer, und lasse sie in der Verbildlichung wirklich dieses Licht sein, das dir den Weg leuchtet. Wie dunkel dein Weg vorher auch immer war, er wird erleuchtet sein, wenn du diese Intelligenz einsetzt. Es ist sehr leicht, exakt zu wissen, was heute, morgen, nächste Woche und nächstes Jahr kommt. Denn das, was kommt, ist doch nur die logische Fortsetzung dessen, was ist. Wenn dein Verstand das nicht hochrechnen kann, dann versuche es doch gar nicht erst mit deinem Verstand.

Das, was ist, wird eine logische Fortführung erfahren und zu dem werden, was kommt. Das, was kommt, ist doch schon vollkommen klar: Das, was ist, wird fortgesetzt. Und wenn du aufgrund dessen, was ist, hochrechnest und über deine Intuition erkennst, was kommt, und es gefällt dir nicht, kannst du es verändern.

Dein Glaube wird – seinem Inhalt entsprechend – deine Zukunft formen. Das ist ja die Freiheit, die du bekommen hast. Das ist ja der Unterschied zwischen dir und einem Tier, das nicht die Freiheit hat, ja oder nein zu sagen, sondern durch Instinkt geführt wird. Dein Glaube setzt sich zusammen aus deinen Gedanken, die sich zu einer Meinung verdichten. Wenn du den Inhalt deines Glaubens änderst, wird sich daraus etwas anderes entwickeln. Wenn du also hochrechnest, daß das und das aufgrund deines jetzigen Verhaltens passieren wird, dann ändere es doch, wenn es dir nicht gefällt! Das ist deine Aufgabe, nicht die Aufgabe irgendeines Menschen. Du kannst andere Menschen um Hilfe bitten bei diesem Prozeß, das ist legitim. Tun aber mußt du letztendlich das, was nötig ist, selbst. Wie es auf graffitibesprühten Wänden so schön heißt: »Bringen Sie die Lösung, oder sind Sie selbst das Problem?«

Erkenne deine Urheberschaft, deine totale Verantwortlichkeit für alles! Sprich nie wieder von einem Schicksal, das eben einmal so und einmal so ist, auf jeden Fall launisch. Das stimmt nicht, das ist eine Aussage der Klasse der Opfer, in die du ja nicht mehr gehst.

Dich zu behaupten ist also dann ganz leicht möglich, wenn du etwas als für dich richtig erkannt hast und dich entschieden hast, nicht in deinem Kopf, sondern in deinem Herzen etwas zu tun. Dann wird es auch nicht mehr notwendig sein, dich zu behaupten, sondern es ist etwas Selbstverständliches, was du tust. Und es bedarf keines Kraftaktes, es durchzusetzen. Je stabiler du in deinem Selbstverständnis bist, um so weniger wird man dich anfechten. Je unsicherer du auf deinem Lebensweg bist, um so mehr Impulse werden von außen kommen, um dich zu beeinflussen, um dich von deinem Weg abzubringen.

Sehne dich nach der Weisheit, die unterscheidet!

Jede Sehnsucht wird beantwortet, wenn sie kontinuierlich in uns ist. Jedes Anklopfen führt zum Aufmachen. Jede Suche nach Erkenntnis wird beantwortet durch Erkenntnis, speziell aus der Richtung, in der wir nach Erkenntnis suchten. Das ist eine fundamentale Weisheit, die wir ganz fest in unser Leben integrieren können.

Wer bin ich wirklich?

Diese Frage stellen wir uns alle. Das ganze Leben stellt sich diese Frage jeden Tag neu, und es wird wohl noch sehr lange Zeit verstreichen, bis wir dazu eine Antwort geben können.

Wir können versuchen, das, was wir zu sein glauben, zu umschreiben; festmachen können wir es nicht. Es gibt nichts Vergleichbares, nichts, was wir kennen, das mit dem übereinstimmen würde.

Laß mich so anfangen: Du bist ein Prinzip. Du bist etwas, das sich durch etwas ausdrückt. Du bist ein Werkzeug, du bist ein Kanal von etwas, das dich geschaffen hat, um durch dich etwas zu bewirken. Deine Aufgabe liegt ab heute, ab morgen, in deiner Zukunft in dem Bereich, für das Ganze da zu sein, für die Schöpfung eine Funktion zu erfüllen. Deine Aufgabe liegt außerhalb deines Egos, deines Ichs. Die meisten Menschen sind gefangen in ihrem Ego, in ihrer Individualität, und sprechen, wenn sie etwas sagen, ausschließlich in der Ich-Form. Ihre Thematik kreist um Fragen wie: »Wie soll ich das tun?« »Wie soll ich jenes tun?« Es geht um das Ich. Das ist in Ordnung, das ist ein Relikt aus der Vergangenheit, aus niederen Evolutionsstufen, das in uns allen noch vorhanden ist.

Nur in dem Moment, in dem wir es zu durchschauen beginnen, wird es transparenter, dann können wir eingreifen in diesen Automatismus. In dem Moment, in dem du zu verstehen beginnst, wenn du von irgend etwas redest – von der Welt, dem Kosmos, von Gott und den Engeln, von Situationen –, sprichst du in einer sehr übergeordneten Form auch von dir. Versuche das einmal eine Zeitlang.

Sprich, wovon du willst! Und sei dir dabei bewußt, daß das, wovon du jetzt redest, auch du in einer anderen, höheren Daseinsebene bist.

Du bist Geist, bist multidimensional. Multi heißt »viel«, nicht drei, vier, fünf, sondern *viel*dimensional. Du bist auf jeden Fall nicht dein Körper, obwohl sich viele Menschen mit dem Körper identifizieren.

Sage niemals, das bin ich, wenn du deinen Körper siehst. Sag allenfalls, das ist mein Körper. Wenn es sich komisch anhört, dann schweige; aber sei dir bewußt, daß du nicht dein Körper bist.

Du bist der Inhalt dieses Körpers, der sich diesen Körper geschaffen hat. Er ist ein Tempel, ein Haus. Ein Tempel des lebendigen Gottes, sagen die Philosophie und die Theologie.

Du bist das, was bereits existierte, bevor dieser Körper zu existieren begann. Dein Körper ist nur etwas, was geschaffen wurde, um dem, was du bist, einen vorübergehenden Stützpunkt, ein Zuhause zu geben. Du wirst auch noch weiterhin existent sein, wenn dein Körper nicht mehr ist. Du, der Geist, bist die Ursache für dich, die Manifestation. Ursache und Wirkung sind über das Gesetz der Resonanz miteinander verbunden, sind identisch!

Der Geist ist der Vater, ich bin das aus dem Geist Entstandene – der Sohn.

Das Gewordene ist die Wirkung auf eine Ursache. Ursache und Wirkung sind die zwei Pole, in deren Spannungsfeld der kreative Geist sich manifestiert. Vater und Sohn sind identisch.

Du bist ein Lebensprinzip, das schon existierte, bevor dieses raum-zeitliche Universum seine Existenz bekommen hat. Bevor der Urknall stattfand, existiertest du schon. Und sollte es stimmen, daß das Universum oszilliert – es dehnt sich aus, -zig Milliarden Jahre lang, und dann zieht es sich wieder -zig Milliarden Jahre lang zusammen –, dann ist die gesamte Materie im Kosmos wieder an einem Punkt. Und wenn es wieder auseinanderfliegt, wirst du davon nicht berührt sein. Es ist nur eine Ebene deines Seins, die physikalische, die davon berührt wird. Aber bis es soweit ist, wirst du dich auf dieser Ebene nicht mehr angesprochen fühlen. Es ist nur eine Dimension von deinen Multidimensionen.

Du bist ein Prinzip, das niemals begonnen hat zu sein und niemals aufhören wird zu sein.

Das ist ein Widerspruch in unserem Intellekt, da alles in unserem Raum von zeitlichem Denken einen Anfang und ein Ende haben muß. Und das ist das Problem: Du bist etwas, was nicht mit diesen Maßstäben zu messen ist. Du bist nicht meßbar, nicht in diesem Raum-Zeit-Denken, nicht mit dem, was wir an Maßstäben haben. Du bist einzigartig.

Deshalb ist es falsch, Maßstäbe an einen anderen anzulegen, weil du, indem du über einen anderen Menschen urteilst, ihn verurteilst. Jeder ist eine individualisierte Form.

Wenn du deine Maßstäbe an einen anderen anlegst, dann legst du deinen individuellen Ausdruck beim anderen als Maßstab an. Du tust ihm Unrecht und verurteilst ihn mit jeder Form von Beurteilung. Was wir lernen sollten, ist, den anderen in seinem So-Sein zu sehen, ihn wahrzunehmen; ihn in keiner Weise verändern zu wollen, das Göttliche in ihm zu erkennen. Du solltest danach streben, bei dem anderen das Göttliche wahrzunehmen. Es gibt bei keinem Menschen etwas, wo du eingreifen müßtest. Es gibt nichts, was nicht in Ordnung wäre.

Und wenn ein anderer Mensch zu dir sagt: »Hilf mir, ich habe hier ein Problem!«, so kommt das davon, daß man ihm so oft gesagt hat, er würde hier nicht richtig funktionieren. Jetzt hat er selbst das Gefühl entwickelt, Hilfe zu brauchen. Wenn du ihm aber nicht helfen kannst, dann tue ihm auch nicht weh.

Jedes menschliche Wesen ist ein in sich selbst geschlossenes, perfektes System, das von außen keiner Einflußnahme bedarf. Das in der Lage ist, sich aus sich selbst heraus weiterzuentwikkeln. Wenn ein anderer kommt und sagt: »Du bist für mich einen Schritt weiter, wie machst du das?« fühlst du dich geehrt. Der andere aber spricht aus einem Gefühl des minderen Wertes heraus, das ihm vermittelt worden ist. Objektiv ist dieser Tatbestand nicht. Er müßte eigentlich zu dir sagen: »Du bist etwas anderes als ich, laß uns unser Anders-Sein einmal aufeinanderlegen, um es zu genießen!« Beginne also jene Freude, alternativ zu genießen, die immer am Anfang eines neuen Seins als Ursache zumindest Pate gestanden hat.

Es ist sicher nicht ganz leicht, wenn ich dich auffordere, darüber zu meditieren, daß du ein Prinzip bist oder daß ein Prinzip sich durch dich ausdrückt. Du bist eine individualisierte Erscheinungsform. Du bist eine spezielle Erscheinungsform von etwas Generellem. Es ist sehr schwierig, und unsere Sprache ist in diesem Bereich abstrakt und arm. Wir haben erst wenige Gedanken in dieser Richtung entwickelt und können daher auch nur wenige Worte von uns geben.

Wenn du dich mit diesem Thema beschäftigst, dann solltest du bald lernen, zwischen den Zeilen zu hören und zu sprechen. Höre nicht auf das, was ich sage. Höre auf das, was ich meine, was ich aber nicht sagen kann, weil mir die Worte fehlen. Höre hinter die Worte, lese zwischen den Zeilen. Die Botschaft liegt nicht in den Worten, sondern *hinter* ihnen.

Dich selbst zu erkennen, ist deine einzige Aufgabe; um dann, was du erkannt hast, so zweckgerichtet einzusetzen, daß du dich dabei gut fühlst. Dich zu erkennen, heißt, deine Möglichkeiten mehr wahrzunehmen und sie dann zu leben. Wenn du deine Meisterschaft erkennst, wenn du erkennst, daß du ein Magier bist, ein Meister im Verwirklichen, ein kreativer Geist bist, dann wirst du im Maßstab dieses Erkennens diese Fähigkeiten anwenden können. Zunächst einmal für dich selbst, das ist normal und legitim. Irgendwann jedoch wirst du freilich feststellen, daß das Ego allein nie Befriedigung erfahren kann. Diese Art von »Selbstbefriedigung« funktioniert nicht, sie ist Leben aus zweiter Hand. Du wirst beginnen, deine Fähigkeiten kreativ für andere zu verwenden, sie im Interesse aller einzubringen. Du wirst für eine kleine Gruppe von Menschen Verantwortung übernehmen; das, was du dir erdacht hast, ihnen anbieten. Die Gruppe wird größer werden; du wirst für diesen Planeten mitfühlen, mitdenken und helfen mitzutragen. Darin liegt deine eigentliche Aufgabe.

Bis es allerdings soweit ist, wird dein Ego immer noch die erste Rolle spielen und dir sagen: »Du mußt doch in deine Höhle genügend Futter schleppen, denn der nächste Winter kommt bestimmt!« Dieses »Hamsterprinzip« begründet auf der Angst, irgendwann auf dem Trockenen zu sitzen, irgendwann in Gefahr zu sein. Das ist tierische Natur, das ist Vergangenheit, die aber noch in uns lebt. Die es zu erkennen gilt, um sie dann in Liebe zu entlassen. Das ist nicht immer leicht, aber es ist deine Aufgabe. Wann du sie angehst, ist gleichgültig; irgendwann kommt die Wende. Du kannst dich entschließen, deinem Ego all das bieten. Durch das Wahrnehmen deiner Fähigkeiten bist du dazu in der Lage, um dann möglichst schnell zu erkennen, daß die tatsächliche Befriedigung nicht im Anhäufen von all dem, was dein Ego möchte, liegt.

Je schneller du befriedigt bist oder das hast, was du glaubtest zu brauchen, um so schneller wirst du wissen, daß da noch etwas Wichtiges fehlt.

Je eher du erkennst, daß das Glück, das du zu empfinden glaubst, wenn das und das eintritt, nur ein bedingtes Glück ist, um so besser ist der nächste Schritt vorbereitet.

Wünsche und deren Erfüllung, aus dem Ego entstanden, befriedigen nie. Aber erfülle sie dir zunächst! Dein Horizont ist voller Wünsche, und du solltest durch Seminare, durch Therapie, durch Bücher, durch Gespräche über Geistige Gesetze ein Meister der Imagination werden. Du solltest alles, was du möchtest, auch haben. Du darfst es haben, sonst wärst du gar nicht in der Lage, es zu wollen. Die Wunschlosigkeit ist das Ziel, aber erst ein Schritt nach dem anderen! Erst müssen wir einmal unsere Wünsche befriedigen und dann die Befriedigung, die wir empfinden, wahrnehmen. Müssen spüren, wie sie wirklich ist oder ob etwas Wesentliches dabei fehlt. Du kannst nicht alles, was du hast, weggeben in der Hoffnung, dann glücklich zu sein.

Du bist dazu geschaffen, das, was ein Mensch erreichen kann, zu erreichen. Alles, was menschenmöglich ist, ist auch dir möglich! Wenn du glaubst, etwas Bestimmtes zu wollen und zu brauchen, dann ist niemand da, der dir das vorenthält; es sei denn du selbst. Deine Meinung schafft Realität. In deiner Meinung von der Diskrepanz zwischen dir und deiner Wunscherfüllung, in deiner Meinung von der Strecke, die zwischen dir und der Wunscherfüllung zurückzulegen ist, in deiner eigenen Meinung von deiner Kapazität.

Du solltest deinen Einfluß geltend machen. Tu das aber nicht verbal oder durch Kraftakte, sondern durch etwas, was viel mächtiger ist als alle Kraftakte dieser Welt, als alle klugen Reden und großen Worte: Liebe!

Wenn ich selbst widerstandslos bin, wird mir auch kein Widerstand entgegengebracht werden. Wenn dieser Einfluß, der von mir ausgeht, für alle gut ist, dann kehrt ja das, was von mir ausgeht und für alle gut ist, wieder zu mir zurück. Dann ist es für mich auch gut. Binde dich in einen Prozeß oder ein Geschehen ein, und sage: »Ich werde diesen Prozeß, diese Schwingung zum Positiven beeinflussen. Alle haben dann etwas davon, also auch ich.«

Wenn du in einer Gemeinschaft lebst und in deinem Interesse etwas verändern willst, dann könnte es sein, daß es Interessenskonflikte gibt, daß andere damit nicht einverstanden sind, weil du im egozentrischen Sinne etwas für dich tun willst. Dann kommt Widerstand, ganz besonders, wenn du sagst, was du vorhast.

Richte dein Tun auf das Gemeinwohl! Das Gemeinwohl ist wieder relativ wie alles. Ob das jetzt deine Familie ist, deine Verwandtschaft, dein Arbeitsplatz oder eine noch größere Gemeinschaft, der Kontinent, auf dem du lebst, der Planet, auf dem du lebst, das spielt keine Rolle. Je mehr du für das Ganze tust, um so mehr tut das Ganze für dich. Und du brauchst dem Ganzen nicht zu sagen, was deine Leistung ist. Glaube mir, es nimmt es wahr!

Karma, das für Ausgleich sorgt, wird also das, was du für das Ganze tust, das Ganze für dich tun lassen. Die Stimme des Ganzen sagt: Was du dem Geringsten getan hast, hast du mir getan.

Ein Mensch wird von *seinen Sünden bestraft, nicht für sie!*

Ganz wichtig, daß du das verstehst, daß du den Unterschied erkennst! Du wirst nicht bestraft für deine Sünden, dann müßte ja ein Richter da sein. Du wirst *von* deinen Sünden bestraft. Karma belohnt nicht und straft nicht. Es stellt lediglich die verlorengegangene Harmonie wieder her.

Eine Aussage, die nicht schwer zu verstehen ist. Das Gesetz des Karma bindet den Unwissenden und macht den Wissenden frei. Dasselbe Gesetz bindet den einen, und den anderen macht es frei. Dasselbe Gesetz! Und es hat noch nicht einmal in dem einen Fall etwas anderes getan als in dem anderen Fall. Es hat das gleiche getan.

Meditiere darüber.

Der Unwissende glaubt, daß er bestraft wird für seine Sünden, und ist gebunden in diesem Glauben. Er erwartet Strafe und wird sie erfahren.

Der Wissende weiß, daß das, was auf ihn zukommt, das von ihm Ausgegangene ist, das zu ihm zurückkehrt. Und das macht ihn frei. Denn er erkennt an dem, was auf ihn zukommt, das, was er veranlaßt hat. Zukünftig kann er anderes veranlassen, damit auch anderes auf ihn zukommt. Er erkennt die ausgleichende Gerechtigkeit. Er sieht die totale Fairness des Vorgangs und ist frei.

Freiheit ist durch Verständnis des Gesetzes von Ursache und Wirkung entstanden, bei dem, *der weiß.*

Der, der nicht weiß, fühlt sich eingeengt durch das Gesetz des Karma, er fürchtet es. Er leidet unter ihm. Er glaubt sich übermächtigen Gewalten gegenüber hilflos ausgesetzt und fürchtet sich.

Furcht ist ja immer Angst vor etwas nicht Realem. Furcht ist ja nur ein Schatten, der, wenn du darüber nachdenkst, keine eigene Realität hat. Ein Schatten leiht sich seine Realität nur von etwas anderem. Du aber nimmst den Schatten wahr und behauptest, er sei real. Er ist es nicht.

Die Sonne wirft Schatten, wenn du ihr den Rücken zuwendest. Stelle dich in Richtung Sonne: Dann nimmst du keinen Schatten wahr, sondern wirst vom Licht bestrahlt. Wendest du der Sonne den Rücken zu, weißt du nicht, daß sie etwas ist, was Licht spendet. Du siehst nur etwas, was einen Schatten wirft. Es ist die Frage, von welcher Seite du anfängst wahrzunehmen.

Wenn du im Gesetz des Karma das ausgleichende Prinzip erkannt hast, dankst du für alles, was dir bewußt wird, und siehst in dir den Verursacher in dem Geschehen. Was auf dich zukommt, ist nicht mehr Strafe oder Leiden, sondern Gerechtigkeit.

Demnach sind Probleme Geschenke, die du dir selbst gemacht hast – ob dir das gefällt oder nicht. Wenn du das erkannt hast, kannst du aufhören, dir diese Art von Geschenken zu machen. Du sagst dir dann: Ich komme auch zum Ergebnis ohne Probleme, nämlich durch Freiwilligkeit. Durch Freiheit des Denkens, durch Freiheit des Handelns. Entscheide du für dich, wie viele Probleme du noch brauchst, um zur Erkenntnis zu gelangen, zur Erleuchtung! Oder wieviel Freiwilligkeit bereits da ist. Freiwilligkeit beruht auf Erkennen, auf Bewußtsein, und sie ist in dir vorhanden. Wie latent oder aktiv, entscheidest du. Sie wartet darauf, daß sie sich dir zum Geschenk anbieten kann. Sie wartet darauf, daß du sie nutzt, diese Bewußtheit, die sich durch dich ausdrückt. Die Währung kann gewechselt worden sein, aber der Wert ist immer der gleiche. Das, was an Leiden auf dich zugeht, ist das, was an Leiden von dir ausgeht. Wie bewußt dir das ist oder unbewußt, ist vollkommen gleichgültig.

Das ist eine Gesetzmäßigkeit, die so alt ist wie die Menschheit und so oft bestätigt ist, wie die Menschheit existiert. Die aber von jedem einzelnen für sich selbst erkannt werden muß. Je früher du das tust, um so besser ist es. Du bist der, der die Qual der Wahl hat. Aber auch die Möglichkeit zu wählen.

Es gibt nichts Schlechtes, es gibt nur das Gute und Wahre am falschen Ort oder zur falschen Zeit. Das, was heute nicht verwertbar ist, ist vielleicht morgen das einzig Richtige. Du kannst erkennen, was du ändern kannst; du hast in dir die Weisheit, beides voneinander zu unterscheiden. Mache von dieser Weisheit Gebrauch! Mache von dieser Fähigkeit zu erkennen Gebrauch! Das ist deine Aufgabe, bewußt zu sein und zu selektieren. In diesem Vorgang drückt sich deine Freiheit aus. Akzeptiere dich in deinem So-Sein. Die nächsthöhere Ebene ist erst erreichbar, wenn du deinen Jetztzustand liebst.

Das karmische Prinzip unterstützt durch Wiederherstellung des Gleichgewichtes das ewige Werden und Vergehen. Und hilft, die Unwissenheit des Menschen und seine Illusion vom Tod zu überwinden.

Wünsche dir, was deine Seele begehrt. Wenn du bereit bist zu empfangen, ist auch die Zeit der Erfüllung gekommen.

GEDANKEN ZUR MEDITATION

Ich bejahe. Ich wähle neue Gedanken und bin bereit, die Verantwortung in meinem Leben zu übernehmen.

Liebe und Liebe ergibt Verstehen. Verstehen heißt lernen, und das wird durch Liebe ganz leicht und spielerisch erlebt.

EIN FESTER VORSATZ

Leben ist Geben, und Geben ist göttlich. Ich bin göttlich, deswegen lebe ich, um zu geben und zu empfangen. Um alles im Leben mit Freude und Liebe zum Ausdruck zu bringen, mit kraftvoller Weichheit. Um das innere Feuer nach außen strahlen zu lassen. Um ein fließendes Wesen zu sein in Dankbarkeit. Und wenn mir dennoch ein Fehler unterläuft, habe ich die Kraft und Selbstliebe, mir zu verzeihen.

Veränderung ist Streben. Streben ist Leben, Leben bedeutet Veränderung jeden Tag ganz leicht. Frei sein für das Leben in Frieden und Liebe mit allem, was da ist. Mit allen Menschen dieser Welt und allen Tieren und allen Pflanzen. Mit allem, was lebendig ist.

MEDITATION

Herr, laß mich sein, wie das Wasser ist!

Wasser ist völlig widerstandslos und überwindet doch den stärksten Widerstand.

Wie immer die Gestalt eines Gefäßes auch sein mag, das Wasser paßt sich dieser Form an. Und doch formt nichts anderes so intensiv wie das Wasser. Denn es war das Wasser, das den Kontinenten die Form gab.

Wasser arbeitet, aber es strengt sich niemals an. Es kann eine Mühle antreiben oder eine Stadt erleuchten, aber es wird niemals müde.

Wasser ist farblos, aber was ist ein Regenbogen anderes als Wasser?

Wasser ist geschmacklos, aber ohne Wasser würde nichts schmecken.

Wasser lehrt uns Demut, denn es sammelt sich stets am niedrigsten Punkt, und doch beugt sich selbst der Mächtigste zu ihm herab, um zu trinken.

Herr, laß mich sein, wie das Wasser ist.

So formbar und so formend – und so demütig.

3 ERLEUCHTUNG IN DER STRASSENBAHN

An den Anfang dieses Kapitels stellen wir ein Erleuchtungserlebnis, wie es uns vor kurzem eine Seminarteilnehmerin geschildert hat: »Ich fuhr in der Straßenbahn und las einige Affirmationen von der Positivkassette. Danach vertiefte ich mich in meine Probleme und in das Ändern. Plötzlich strahlte mein Innerstes auf die Straße, durch die ich fuhr; sie war hell und strahlend, nur für ein paar Minuten. Ich habe Ähnliches nie mehr erlebt.«

Das war ein Erleuchtungszustand, eine mystische Botschaft, die sich nicht in Worten, sondern in dieser Lichterscheinung ausdrückte.

Dazu sagt die Metaphysik: Wer sich mit positiven Suggestionen, mit kraftvollen Worten beschäftigt, partizipiert an dieser Kraft. Wer Gebete wie das »Vaterunser« und andere Gebete betet, der wird von ihrer Kraft erfüllt. Wird durch die Kraft, die in diesem Gebet ist, stark und heil.

Rupert Sheldrake* bringt dazu die Theorie vom morphogenetischen Feld: Wenn Milliarden Menschen über Jahrhunderte ein bestimmtes Gebet immer wieder beten, dann wird dieses Gebet machtvoll.

In diesem Gebet liegt die ganze Macht des Glaubens all der Gläubigen, die von ihm eine Veränderung erhofften. Wenn solch positive, kraftvolle Worte von jemandem wiederholt

* Vergleiche dazu: Rupert Sheldrake: Das schöpferische Universum. Goldmann Tb Nr. 11478

werden, dann kann es sein, daß er plötzlich diese Kraft spürt. Dann fühlt er sich ruhig und ausgeglichen; ein strahlendes Licht hüllt ihn ein.

Heilige sprechen sehr oft von Lichterscheinungen, die manchmal auch während eines Gebets aufgetreten sind. Dieser Vorgang ist ein Phänomen, das du zu deinen ganz besonderen Gunsten deuten kannst. Vielleicht ist es eine Macht, die dir eine Botschaft vermitteln will. Vielleicht ist es ein ganz autonomes Zeichen deiner Spiritualität, daß du auf dem richtigen Weg bist.

Das kannst du wieder erleben. Du solltest aber nichts tun, um es wiederzubekommen; laß es einfach nur wieder geschehen. Es wird zu der Zeit, zu der es sinnvoll ist, dasein. Reagiere auf diese positive Erscheinung positiv! Es war eine Botschaft, die dir sagt: Da ist Kraft. Diese Kraft hat sich in dem Symbol Licht symbolisiert und in dem Gefühl, das du dabei empfunden hast.

Wie aber können wir uns immer wieder so vollständig der kosmischen Energie öffnen, daß sie sich stets erneuert?

Es ist das Einfachste der Welt, für den, der es kann, und das Schwerste für den, der es nicht kann.

Ist es nun leicht, oder ist es schwer? Das ist subjektiv. Sich der kosmischen Energie öffnen ist für den, der es kann, das Selbstverständlichste. Er braucht nichts zu tun; er ist offen für die kosmische Energie. Der andere aber, der es nicht kann, ist nicht offen für sie; er weiß nicht, was er tun soll. Er glaubt an das Tun, das nötig ist. Hier treffen wir wieder auf das Problem des Intellekts. Er fragt: »Was muß ich tun? Was muß ich bewerkstelligen, um eine Wirkung zu erzielen? Welche Ursache muß ich setzen, um jene Wirkung zu erzielen?«

Das ist die Antwort: Öffne dich der kosmischen Energie, ohne Kraft einzusetzen. Indem du Vertrauen hast, daß das, was geschieht, zu deinem Besten ist.

Wenn du hörst, sich der kosmischen Energie öffnen, dann ist es logisch, daß es nicht negativ sein kann. Es lohnt sich, es zu probieren!

Es gibt eine amerikanische Studie, die schlüssig aufzeigt, daß Gebete von Gruppen oder einzelnen für andere Wirkung erzielen. Ja, für einen anderen zu beten kann viel bewirken und verändern – besonders für den, der das Gebet spricht.

Dabei spielt es keine Rolle, ob du deinetwegen oder des anderen willen betest. Gleichgültig, ob deine Motive egoistisch oder altruistisch sind: Deine Gebete erzielen klar feststellbare Wirkungen.

Ein Beispiel, das diese Aussage verdeutlicht:

Vor einiger Zeit leitete ich im Österreichischen Rundfunk eine Stunde lang eine Geistheilung. Wir waren mehrere »Heiler«, die in einer großen Runde, in Anwesenheit von circa dreihundert Zuhörern, im großen Sendesaal live Heilungsgespräche sprachen.

Dieser Rundfunkveranstaltung waren viele vorbereitende Sendungen vorausgegangen, so daß nach Schätzungen einige hunderttausend Hörer sich geistig in dieses heilige und heilende Feld einklinken konnten.

Die Resonanz war überwältigend; noch wochen- und monatelang erhielt der ORF Briefe und Anrufe über Reaktionen. Eindeutig wurde hier durch die Initiative der Moderatorin Siegrid Hirsch und des Intendanten Dr. Leopoldseder die Kraft des Gebetes demonstriert.

Es wird die Zeit kommen, in der solche Erfahrungen zum festen Bestandteil unseres Wissens geworden sind: Gebete beinhalten die Kraft, die die Welt bewegt. Sie sind die wirkungsvollste Medizin, kosten nichts und haben keine Nebenwirkung; sie sind umweltfreundlich und steuerfrei.

Für jemanden zu beten bedeutet, seinen Geist zu heilen; heilen im Sinne von harmonisieren.

Aber der Geistheiler hat nur dann Berechtigung, wenn er sagt: Ich gebe dir jetzt durch meine Möglichkeiten wieder »Luft«; du aber mußt sofort anfangen, selbst etwas zu tun. Alles andere wäre nur Symptombehandlung.

Denn ob ich nun Valium verschreibe oder ob ich Energie übertrage, ob ich irgendeinen Zauber mache, es hilft nur vorübergehend.

Der Grund: Derjenige, der sich nicht wohl fühlt, hat dieses Unwohlsein verursacht, zumindest zu einem hohen Prozentsatz. Er ist verantwortlich dafür, er muß daher auch sein Verhalten ändern. Sonst müßte er jeden Tag zu jemandem gehen, der ihn in Ordnung bringt. Diese bequeme Haltung ist nicht der Sinn der Sache; daraus kann leicht Abhängigkeit entstehen.

Aber wir können jemandem, der Schmerzen hat, die Hand auflegen, so, wie es jede Mutter macht. Wir alle wissen, daß es funktioniert. Im Grunde ist dieser einfache Vorgang auch nichts anderes als Magnetopathie, man kann vereinfacht auch sagen: Geistheilung. Du kannst dich im Gebet auf den anderen einstellen und ihm heilende Energien zuströmen lassen. Geistige Energien zu übertragen bedeutet: Du bist nicht der Generator, der Erzeuger, du bist Kanal, du bist Werkzeug. Durch dieses Werkzeug fließt diese Energie.

Und so wirst du, wenn du als Geistheiler fünf Minuten tätig warst, von dieser harmonisierenden Energie weiterhin erfüllt bleiben. Du selbst bist der Hauptnutznießer von einer solchen Tätigkeit. Selbstverständlich partizipiert der »Empfangende« ebenso davon. Ein guter Grund, Geistheilung zu praktizieren, dem anderen zu helfen – und dir selbst auch.

Sage dir dazu: Ich erfülle mich mit dieser Energie. Ich öffne mein Scheitelchakra. Ich bin Kanal, durch den diese kosmische Energie fließt. Das kannst du ganz bewußt tun. Das kannst du auch automatisieren.

Du kannst es sogar so weit automatisieren, daß, wenn du durch die Natur gehst, etwas geschieht, was man lustig umschreiben könnte. Du bist ein Gebet auf zwei Beinen, das durch die Natur geht.

Dazu sagt die Metaphysik: Tiere und Pflanzen wissen es. Sie spüren es, wenn du kommst. Wenn du in einem hohen meditativen Zustand spazierengehst, dann bist du wie ein Segen für diese Landschaft, für die Pflanzen, für die Tiere.

Du kannst auch in einen Raum, in dem Menschen sind, in einem hohen Bewußtsein als Transformator hineingehen. Wir sollen unser Licht ja leuchten lassen – heißt es. Wir sollen die Dunkelheit durch unsere Existenz erhellen.

Du kannst in einem Raum Licht anmachen, indem du ganz bewußt hineingehst und die Schwingung erhöhst. Hohe Schwingung bedeutet helles, gleißendes, goldenes, strahlendes Licht.

Werde dir bewußt, daß du diese Kapazität bereits besitzt und sie gar nicht groß entwickeln mußt. Sie ist dir gegeben. Du kannst sie aber dann gezielt einsetzen, wenn du dir dieser Kraft bewußt bist. Bei einigen kann es auch auf der unbewußten Ebene geschehen, aber in der Regel ist die Bewußtheit förderlich.

Alles, was wir ausprobieren können, ist leicht. Und wir haben jeden Tag Gelegenheit, es zu üben.

Geistheilung ist etwas, was jeder von uns kann; einige können es besser. Es ist ein bißchen Übungssache. Du solltest dich leermachen beim Geistheilen. Du solltest deine eigene Sensibilität mehr und mehr entwickeln.

Wir wissen, daß ein lebendes System wie der Mensch eine Aura hat; das läßt sich physikalisch beweisen. Und wir wissen auch, daß diese Energie einer Indifferenz unterliegen kann; daß Störungen, daß Energiemangel da sein können. All dieses kann harmonisiert werden und wieder disharmonisiert werden, wie es in der Physik und in der Medizin schon lange bekannt ist. Krankheit ist nichts anderes als Abwesenheit von Harmonie, ist eine energetische Blockade – nichts anderes. Krankheit kann Fülle und Leere bedeuten, auf jeden Fall aber eine Abweichung von der gottgewollten Ausgewogenheit.

Wie können wir lernen, unser Bewußtsein zu erweitern? Wie integrieren wir Sensitivität *und* Erfolg harmonisch in unseren Alltag?

Meine Formel lautet: »Gott liebt mich.« Manchmal trage ich ein Medaillon, auf dessen Rückseite eingraviert ist: Gott liebt mich. Es ist ganz wichtig, daß du das in deinem Herzen weißt. Du bist nicht in die Welt hineingesetzt worden, um zu sehen, wie du zurechtkommst. Da ist etwas, was dich geschaffen hat, und dieses Etwas hat Situationen um dich herumgestellt, die alle dir dienen sollen. Alles, was um dich herum ist, deine Eltern, alle Einflüsse, die du ständig bewertest, beurteilst und verurteilst, sind nichts anderes als liebenswerte Hilfsmittel.

Nur du magst es in deinem Trotz nicht immer so sehen, willst nicht begreifen, daß dir ständig Gutes widerfährt. Du willst darauf beharren, daß dich keiner liebt, damit sich die anderen anstrengen, noch lieber zu dir zu sein. Spiel dieses Spiel weiter, solange du willst. Wenn du keine Lust mehr daran hast, höre einfach damit auf!

Dann kannst du in den Bereich der aktiven Gottesliebe gehen und dir deine eigene »Liebesformel« ausdenken. Wie sie auch lautet, deine persönliche Formel, deine Meditation, dein Kraftwort, der Satz, das Wort, das Mantra, der Gedanke, der dich rückverbindet, der dir die Religion zur Quelle gestattet, sollte auf jeden Fall etwas mit Liebe zu tun haben.

Ob wir dieses Buch lesen oder jenes, ob wir unsere Interessen in diese Richtung lenken oder in jene, spielt keine Rolle. Das Ergebnis ist ohne Ausnahme immer Erkenntnis. Noch nie ist jemand so ins Grab gesunken, wie er auf diese Welt gekommen ist; immer waren wir erkenntnisreicher. Und selbst wenn jemand die Erkenntnis verweigert und sagt: »Ich will weder aus diesem noch aus jenem eine Erkenntnis gewinnen« – es gelingt ihm nicht. Wenn jemand sagt, ich tue dieses nicht und ich tue jenes nicht, ich tue gar nichts, dann wird er eben aus diesem Nichts-Tun, das ja im Grunde auch eine Form von Tun ist, eine Erkenntnis gewinnen. Wir können unseren Geist nicht der Erkenntnis verschließen. Und aus gerade dieser Erkenntnis schließen wir, daß der Sinn des Seins ein bewußtseinsschaffender Prozeß ist; daß es sinnvoll ist, das Bewußtsein zu erweitern, zu expandieren.

Deshalb schaffen wir in unseren Selbsterfahrungsseminaren immer wieder Situationen, die der Bewußtseinserweiterung dienen sollen. Es ist ein Prozeß, der sich über Tage, Wochen und Monate hinzieht, bis er dann für jeden einzelnen praktikabel ist: sein Bewußtsein auszudehnen und vielgleisig zu fahren, übergeordnete Botschaften zu empfangen, eine hohe Sensitivität und eine hohe Sensibilität zu entwickeln, sich zukünftiger und vergangener Ereignisse bewußt zu sein.

In jedem von uns ist Medialität angelegt. Jeder von uns ist hellsichtig, der eine mehr, der andere weniger. Der eine hat mehr dafür getan als der andere, aber wir alle können diese Fähigkeiten entwickeln, es ist nur eine Frage des Bewußtseins. Für viele von uns ist die Fähigkeit, den Geist in die Zukunft zu schicken – oder in die Vergangenheit –, am Rande des Bewußtseins existent. Für viele ist es außerhalb des Bewußtseins: Sie sind sich dessen nicht bewußt. Die meisten akzeptieren, weil es am Rande des Bewußtseins ist: »Ja, das könnte wohl so sein«. Aber diese Fähigkeit ist latent, nicht aktiviert. Und darin sehen wir einen Teil unserer Aufgabe: in diesem Erdenleben zu helfen, das Bewußtsein in höchstmöglichem Maße sich seiner selbst bewußt sein zu lassen. Expansion des Geistes als metaphysisches Ziel des Lebens anzuerkennen. Wer sich des Sinnes seines Lebens bewußt ist, weiß um die unglaubliche Güte in uns, die zu unseren Gunsten aktiv ist. Er weiß, daß der Gedanke lebt und daß das, worüber wir nachdenken, wächst.

Wir sind in der Lage, etwas zu denken, was noch nie jemand gedacht hat. Wir sollten die kreative Fähigkeit unseres Geistes immer wieder einsetzen und sie dorthin richten, wo wir Erkenntnis wünschen, also die eigenständige Möglichkeit einsetzen. Als vordergründiges Ziel die Verbesserung des Gedankenklimas anstreben, um damit die Voraussetzung zu schaffen, in einem neuen Leben zu wandeln.

Der Unterschied zwischen dem Erfolgreichen und dem Erfolglosen besteht darin: Der Erfolgreiche gibt zu, daß das, was er geschaffen hat, das Ergebnis seines Tuns und Handelns ist, seiner Aktivität. Der Erfolglose hat eine ganz große Geschichte erfunden, wer und welche Umstände an seiner Erfolglosigkeit schuld sind. Er gibt nicht zu, daß er selbst die Ursache für diesen Mißerfolg ist. Er sucht nicht nach Lösungen, er selbst ist das Problem.

Gehe davon aus, daß es Mißerfolg nicht gibt! Es gibt nur Erfolg. Und zum besseren Verständnis: Es gibt Erfolge mit einem positiven Vorzeichen und solche mit einem negativen Vorzeichen. Mißerfolg ist also Erfolg mit negativem Vorzeichen. Es gibt folglich keine Fehlleistung, es gibt nur Leistung. Alles das, was erfolgt, ist die Wirkung auf Ursachen, die gesetzt wurden. Wenn etwas erfolgt, was dir gefällt, dann hast du Ursachen gesetzt, die das zur Wirkung haben. Wenn etwas erfolgt, was dir nicht gefällt, hast du ebenso die Ursachen gesetzt, die das zur Wirkung haben. Da und nur an dieser Stelle unterscheidet sich der Erfolgreiche vom Erfolglosen.

Der Erfolgreiche gibt zu, daß das, was geschieht, das Ergebnis seines Tuns ist. Ich habe mir das geschaffen, sagt er. Und er sagt auch, wenn etwas schiefgeht: »Ich habe teil an diesem Mißerfolg, ich habe etwas falsch gemacht.«

Der Erfolglose jedoch wird immer die Geschichte der »Schuldigen« erzählen, die ihn am Glück gehindert haben. Er gehört der »Opferklasse« an – eine Klasse, aus der du dich aktiv lösen solltest.

MEDITATION

Herr, laß mich sein, wie das Feuer ist!

Feuer verwandelt alles, was es berührt.

Laß mich wie das läuternde Feuer alles Unreine in mir verbrennen, damit das Reine hervorscheinen kann.

Das Licht meines Denkens soll leuchten wie Feuer, die Liebe meines Herzens strahlen wie Feuer.

Laß in mir das ewige Feuer der Liebe brennen, laß alles, was ich berühre, in Liebe brennen.

Laß mich mein Herz und die Herzen der anderen entzünden mit dem Feuer der Liebe.

Laß dieses Feuer immer weiter um sich greifen und die Welt entzünden, bis das Feuer der Liebe die Welt erleuchtet.

Herr, laß mich sein, wie das Feuer ist.

Laß in mir ewig den Wunsch brennen, zu dir zu finden.

Laß mich leuchten im Feuer der Liebe, das alles entzündet und alles verwandelt in Liebe!

4 OPFERROLLEN SIND RELIKTE DER VERGANGENHEIT

Der sogenannte »normale« Mensch spielt oft lange in seinem Leben die Rolle eines Opfers. Er sieht sich als Opfer von Erziehungsmodellen, als Opfer dieser Gesellschaft, ja als Opfer schlechthin. Er würde ja mögen, würde man ihn nur lassen – aber »man« läßt ihn ja nicht! Er wüßte schon, was er zu tun hätte und wie die Welt und sein Leben ideal zu gestalten wären, aber »man« verweigert ihm die Chance dafür.

Das ist der normale Weg, über den sich der »normale« Mensch herausredet. Auf dem Wege zu einer Veränderung ist es also ein wichtiger Schritt, dem anderen zu vermitteln: *Du* bist verantwortlich für dich. Es gibt keine »Sachzwänge«; es gibt nur Perspektiven, aus denen heraus du etwas wahrnimmst. Ein anderer kann die Situation ganz anders wahrnehmen und ein Problem, das dir Kummer bereitet, überhaupt nicht als »problematisch« ansehen. Und wieder ein dritter lacht: »Was redet ihr? Das ist doch völlig anders!«

Alles ist eine Frage der Perspektive. Um den Unsinn der »Sachzwänge« zu durchschauen, sollten wir einmal versuchen, im Freundeskreis die Perspektive zu wechseln. In einer neuen, unbekannten Rolle ist es manchmal leichter, Dinge ganz anders zu sehen.

Und wenn wir dem anderen zugestehen, daß auch er ein einigermaßen intelligentes Wesen ist, dann kommen wir allmählich auf die Idee, daß alles wirklich nur subjektive Wahrnehmung ist. Daß es gar nicht objektiv ist, was wir da zu erkennen glauben. Vielleicht sind wir tatsächlich, wie es in der Theorie heißt, nicht zur objektiven Wahrnehmung fähig. Der Beobachter beeinflußt durch sein Beobachten das, was er wahrnimmt. Beobachtetes ist fast immer durch die Wahrnehmung subjektivierte Wirklichkeit. Und nur weil viele eine Situation ähnlich betrachten, ist es noch lange kein Grund zu sagen, es sei »objektiv«.

Wir sind überhaupt nicht in der Lage, objektiv zu sein. Wir sind nur zu subjektiver Objektivität fähig. Unser Intellekt sagt: Das kann es nicht geben, entweder objektiv oder subjektiv – und steigt dann aus. Als Schutz klammert er sich weiter an die »Geschichte von den Sachzwängen«, an die Opfer, die er bringen muß, weil es so ist, wie es ist. Alle anderen, die ähnlich denken, nicken dann, es läßt sich nicht ändern – und schon gründet man einen Freundeskreis derer, die es nicht ändern können. Dort bestärkt man sich in der Meinung, alles sei so schwierig.

Das ist exakt das Gegenteil dessen, was wir hier anzuregen versuchen.

Greife lieber die fruchtbare Idee auf, die schon in vielen Städten so sichtbare Früchte trägt: Gründe einen Freundeskreis, der konstruktives Positives Denken übt. Dort im Kreise Gleichgesinnter kannst du lernen, die Bandbreite deiner Wahrnehmung zu erweitern und aus der wahrhaft ausgedienten Opferrolle zu schlüpfen.

Unsere Methode – das Positive Denken – hat nichts mit der klassischen Psychoanalyse und den aus ihr weiterentwickelten Modellen zu tun. Sie forschen nach Ursachen. Sie suchen die Ursachen der Probleme in der Vergangenheit und gehen weit in die Kindheit zurück. Sie fragen: Bist du geärgert worden? Hast du ein schreckliches Erlebnis gehabt? Bist du schlecht behandelt worden? Bist du unterdrückt worden, oder bist du getragen worden von deinen Eltern, deinen Bezugspersonen... man sucht.

Und da sich von uns jeder an Situationen erinnert, die nicht ganz ideal waren, sagt der Analytiker, der Intellekt: »Siehste, da haben wir einen Grund, daß du frustriert bist!« Da diese Meinung schlechthin die Meinung in der Psychotherapie weltweit ist, hat diese Meinung einen gewissen Wahrheitsgehalt bekommen. Diese Meinung ist so mächtig, daß wir Situationen in der Vergangenheit die Macht verleihen, in unserer Gegenwart Funktionen und Macht auszuüben.

Aber diese Einstellung ist nur bedingt richtig. Ein wenig vereinfacht – Dr. Murphy ist ja nun mal ein Meister im Vereinfachen –, ist diese Meinung sogar falsch. Mit dieser Einstellung verleihst du nämlich Situationen in deiner Vergangenheit Macht. Und diese von dir verliehene Macht wird dich weiter beeinflussen – in deiner Gegenwart. In deiner Zukunft.

Denke daran: Es gibt keine Gesetzmäßigkeit bis auf die, die wir uns selbst geschaffen haben.

Ein Mensch, der im Laufe seines Lebens erkennt: »Ich verfehle mein Ziel«, erkennt das nicht rational. In seinem Herzen spürt er, daß etwas falsch läuft. Er kommt in Schwierigkeiten und sagt: »Es hat alles keinen Sinn!« Das ist eine Ausrede! Dann gib doch deinem Leben einen Sinn; gib deinem Leben doch den Sinn, den es hat! Such ihn!

Übernehmen wir die Verantwortung und verleihen wir damit Situationen, Eltern, Lehrern, der Kirche, dem Wetter, dem Stammtisch nicht länger Macht über uns!

In England bekommen viele Menschen mit einer großen Sicherheit im Frühjahr und im Herbst Rheuma. Weil dort die Meinung manifest ist, zu einer bestimmten Jahreszeit herrsche Rheumawetter. Bei uns ist es das Grippewetter. In England ist es zwar ein bißchen nebliger, aber das ist noch lange kein Grund, Rheuma zu bekommen. Aber irgendwann hat sich dort der Gedanke vom »Rheumawetter« entwickelt – und schon leiden viele Menschen zu bestimmten Jahreszeiten daran.

In diesem Zusammenhang paßt wieder die These des »Morphogenetischen Feldes«, wie sie Rupert Sheldrake entwickelt hat: Wenn hunderttausend oder Millionen Menschen sagen, es ist »Grippezeit« oder »Rheumazeit«, dann entsteht eine Kraft, auf die viele andere reagieren – und eben diese Krankheiten bekommen.

Du siehst also deutlich: Wir machen uns unsere Gesetze selbst! Wir machen uns unsere Zwänge selbst. Und sprechen dann hinterher von Objektivität. Prüfe lieber einmal kritisch, inwieweit du noch an diesem »Opferrollen-Denken« hängst! Inwieweit spielst du noch mit? Ein Beispiel aus dem Alltag soll das Gesagte verdeutlichen: Da es allgemein bekannt ist, wie »schlimm« die Wohnungsverhältnisse in München sind, hat fast jeder, der nach München zieht, die Meinung in sich manifestiert, in diesem Bereich herrsche die größte Ungerechtigkeit. So kommt es auch, daß diese immer größer werdende Menschenmenge haareraufend, schimpfend, deprimiert und ängstlich mit fast noch warmen, druckfrischen Zeitungen unter dem Arm von einer offerierten Wohnung zur nächsten läuft. Dort allerdings muß der Suchende feststellen, daß er entweder zu spät kam, dem Vermieter nicht sympathisch genug war oder seine Traumwohnung seine finanziellen Verhältnisse bei weitem übersteigt.

Zu oft hat er schon gehört: »Was, du suchst eine Dreizimmerwohnung? Weißt du überhaupt, was das hier kostet? Ein Vermögen!« Schon bei diesen Worten läßt er den Kopf enttäuscht hängen und versucht sich mit dem Gedanken an eine Einzimmerwohnung anzufreunden.

Stell dir vor, du seist der Wohnungssuchende: Schraub doch nicht deine Bedürfnisse herunter, nur weil dir der Glaube an deine Fähigkeit fehlt! Schmunzelst du nicht auch, wenn dir jemand erzählt: Stell dir vor, ich kenne einen, der hat ein tolles Auto, fünf Gänge, aber er fährt nur mit dem Rückwärtsgang durch die Gegend.

Nein, statt dessen probierst auch du den Rückwärtsgang aus, du streßt dich, strafst dich selbst für deinen Mißerfolg, anstatt daraus zu lernen und zukünftig anderes zu versuchen. Das funktioniert so lange, bis du entweder gestreßt aufgeben mußt oder doch noch zufällig eine Wohnung findest, meist in dem Moment, in dem du es am allerwenigsten erwartet hast. Denn in einem solchen Augenblick schweigt dein Intellekt ratlos. »Logischerweise« spricht für den Intellekt alles gegen den erwünschten Erfolg. Jeder seiner Vorschläge hat sich als Fehlschlag entpuppt, und so schweigt er resigniert.

Für das Unterbewußtsein ist ein solcher Moment der Leere und Stille die Chance schlechthin!

Endlich Schweigen, endlich die Möglichkeit, alte, leicht verstaubte, aber immerhin doch noch mächtig wirksame Gedanken aus Zeiten der Zuversicht, des Glücks und der Zufriedenheit zu verwirklichen! Und plötzlich ist in dieser Stille auch wieder die innere Stimme zu hören. Nichts spricht dagegen, und wir verlassen uns endlich wieder einmal auf dieses vertraute, sichere Gefühl, welches bei vielen in der Bauchgegend zu Hause ist. Gespürt, getan und Ziel erreicht.

Nachdem wir uns jedoch zuvor immensen Streß gegönnt haben, sind wir beim Eintreffen im Ziel so erschöpft, daß wir uns gar nicht weiter Gedanken machen, wie unser Wunsch denn letztendlich Realität wurde.

Das ist schade, denn der nächste Wunsch verspricht dieselben Unannehmlichkeiten, sollten wir bis dahin unser Verhalten nicht geändert haben.

Dr. Murphy sagt dazu: Entwickle doch nicht ständig neue Sensibilitäten und Feinheiten, um dein Einkommen so fein zu dosieren, weil es hinten und vorn nicht reicht. Wenn du schon daran drehst, dann dreh es doch nach oben auf! Kümmere dich nicht um die paar Hunderter, die dir zu deiner Traumwohnung fehlen! Erkenne lieber dein Potential, deine Fähigkeiten, du kannst monatlich das Doppelte, das Vielfache deines jetzigen Gehaltes verdienen, wenn du aufhörst, an dein eigenes Unvermögen zu glauben. Dann spielt die Miete keine Rolle mehr!

Viele reagieren darauf mit Argumenten wie: Ich kann in meinem Beruf aber nicht mehr verdienen. Oder: Ich bin schon am Ende der Verdienstleiter angelangt.

Unsere Antwort: Dann bist du eben im falschen Job, wenn du hier nicht mehr verdienen kannst! Du erhältst so viel für das, was du tust, wie es deinem Selbstwertgefühl entspricht. Fühlst du dich unterbezahlt, dann ist es höchste Zeit, dich nach Alternativen umzusehen!

Hast du dagegen ein stabiles, positives Selbstwertgefühl und bist beruflich kompetent, so wird das dein Vorgesetzter auch erkennen und wird dich befördern. Und mit einer Beförderung ist auch eine veränderte Bezahlung fällig. Und irgendwann kannst du an der Spitze des Unternehmens stehen, und dann verdienst du eine Million im Jahr.

Hör also endlich auf, dich zu beschränken, indem du sagst: Ich verdiene eben zuwenig, um mir eine anständige Wohnung zu leisten! Das ist logischer Unsinn. Das ist Selbstbeschränkung, basierend auf Fehleinschätzung deiner eigenen Möglichkeiten, nicht umgekehrt.

In jedem von uns steckt die Sehnsucht nach der größeren Kapazität, nach dem größeren Potential. Vergeude nicht deine Kraft bei der Suche nach einem besseren Verdienst, sondern werde dir deiner Talente bewußt. Mit ihrer Hilfe kannst du besser und leichter die nötigen finanziellen Mittel aufbringen, die du brauchst, ohne dem Personalchef die Daumenschrauben anlegen zu müssen.

Wieso sind einige arm und einige reich? Ist das Zufall?

Dr. Joseph Murphy und seine Schüler sprechen in diesem Zusammenhang von Ursache und Wirkung. Und die Ursachen liegen nicht in der Gesellschaftsstruktur. Obwohl man so gerne die Fernsehkamera dorthin richtet, wo Mißstände sind, und sagt: »Schau mal hier, die armen Opfer, wie müssen die leiden.« Diejenigen, welche das tun, empfinden sich selbst als Opfer.

Arme, ob einzelne Menschen oder ganze Völker, haben durch ihr gewohnheitsmäßiges Denken den Zustand, den sie beklagen, mit wenigen Ausnahmen selbst verursacht. Wenn ich den Glauben, die Hoffnung verliere, entziehe ich dem Sinn meines Lebens die Energie, für mich in Erfüllung zu gehen.

Der Glaube ist das Wissen um mein Potential; der Zweifel aber basiert auf der Meinung, es sei nicht vorhanden. Es hat also mit Selbstbewußtsein zu tun, sich selbst seiner Natur bewußt zu sein. Zu erkennen: Durch mich wirkt ein Prinzip; ein ewiges Prinzip, ohne Anfang und ohne Ende, das erfolgreichste Prinzip überhaupt: LEBEN. Der ganze Kosmos ist erfüllt von diesem Lebensprinzip. Ich entspreche einem kosmischen Prinzip. Und dieses Prinzip ist pro, nicht contra.

In mir dominiert nichts, was zur Destruktivität neigt; aber in mir lebt etwas, was die Konstruktivität bejaht. Da ist ein Prinzip, das lebensfördernd und beschützend ist.

Du lernst, zu erkennen, daß du ein Ziel haben mußt. Ganz logisch: Wer kein Ziel hat, der kann nicht ankommen. Wer kein Ziel hat, der läuft doch im Kreis herum oder noch nicht einmal im Kreis. Nach dem Motto: Ich gehe irgendwo hin, ich werde überall gebraucht.

Und wenn du dieses Ziel nicht genau definieren kannst, wenn du diesem Ziel keinen präzisen Namen geben kannst, dann mußt du eben unpräzise Begriffe heranziehen. Du solltest das tun, was dir irgend möglich ist.

Selbst wenn die Präzision – jetzt noch – nicht möglich ist, dann sei eben noch eine Zeit unpräzise. Dann sage dir trotzdem: Ich will zufrieden sein. Ich will erfüllt sein. Ich will meiner Berufung entsprechen, obwohl ich noch nicht genau weiß, was sie ist. Die Weisheit meines Unterbewußtseins kennt alle meine Talente und hilft mir zum Erfolg.

Sage dir: Ich bin erfolgreich. Und ich bin zufrieden. Das ist nicht genau und auch nicht präzise. Aber es reicht für den Anfang und ist ein guter Start.

Brauchen wir denn überhaupt die Präzision, wenn es um diese Dinge geht? Reicht es denn nicht zu sagen: Ich bin zufrieden. Ich bin erfolgreich. Ich entspreche meiner Berufung. Ich bin ein guter Partner.

Sehnsucht nach den Attributen Gottes ist der direkte Weg zum Erfolg. Wir nennen diese Ausdrucksform unpräzise, ungenau, aber oftmals mußten und müssen sie mangels Klarheit zunächst ausreichen. Wenn es »so weit« ist, kommt auch der richtige Gedanke.

Wer seinen Weg noch nicht gefunden hat, der sollte andere fragen: Was hast du gemacht?

Es gibt nur *eine* Antwort. Je nachdem wie intellektuell der andere ist, wie gern er sich reden hört und wie kompliziert er etwas ausdrückt, mag es eine große Bandbreite sein, in der er dann erzählt, wie es dazu gekommen ist. Und wenn er zur Sache kommt, dann wird er sagen: Ich habe geglaubt, daß ich's schaffe!

Das ist das Dominante: Mein Ziel zu erreichen. Zuerst hatte ich das Ziel an das ich geglaubt habe. Dann habe ich mich an die Arbeit gemacht. Und mehr war eigentlich nicht nötig.

Sicherlich wird er auch noch erzählen, daß andere an ihm gezweifelt haben. Daß man ihm versichert hat, es sei schwierig und kaum zu schaffen – schon gar nicht heutzutage. Und dennoch hat er sich nicht beirren lassen – so, wie auch wir uns nicht auf unserem Weg beirren ließen.

Was wir können – das kannst du auch! Glück ist nämlich keine »Glückssache« und weder an Rassen, Hautfarben oder Parteibücher gebunden.

Glück heißt: Jeder bekommt wirklich, was er verdient.

»Verdient« heißt in diesem Zusammenhang: Was du dir erarbeitest, was du dir erdenkst. Denn was du von dir weißt, daß du es vermagst, wird zu deinem Vermögen.

Dr. Joseph Murphy hat dazu einmal gesagt: Die Welt ist ein Selbstbedienungsladen. Gehe und hole dir, was du brauchst. Und wenn du dafür symbolisch noch eine Gegenleistung bringen mußt, daß Zahlen ausgetauscht werden müssen, die auf einem Papier gedruckt sind, gut, dann tue das. Behaupte aber bitte nicht, daß du zu wenig von diesen Papierchen hättest, auf denen Zahlen stehen! Das ist vielmehr eine Frage deines Selbstwertgefühls, das sich dann in Zahlen ausdrückt.

Vielleicht mag es hart für dich klingen, aber das Selbstwertgefühl eines Menschen kann man oft am Bankkonto ablesen. Das hört sich vielleicht ein wenig zu vereinfacht an. Bleiben wir aber dabei, die Dinge einfach zu sehen: Wer kein Selbstwertgefühl besitzt, hat meistens auch kein Geld. In der Regel wird er eine minderwertige, schlechtbezahlte Arbeit verrichten, bewohnt eine ärmliche Wohnung. Das hat etwas mit Selbstwertgefühl zu tun. Womit sonst?

Hast du eben unwillkürlich zu nicken begonnen und geglaubt: So geht es vielen – daher ist es objektiv?

Dann hüte dich davor! Das ist nämlich Selbstbetrug, dem viele unterliegen! Die Veränderung aber beginnt erst in dem Erkennen: Du bist für dein Leben erst ganz verantwortlich, wenn alle Betrügereien zu Ende sind!

– Mit diesem Thema habe ich mich lange und intensiv beschäftigt – nicht (nur) theoretisch, sondern aus persönlicher Betroffenheit.

Ich bin krank gewesen vor einiger Zeit. Man nennt diese Krankheit eine heimtückische Krankheit, aber ich habe nicht genau gewußt, was damit gemeint ist. Heimtückisch, das weiß ich jetzt, heißt, daß sich etwas anschleicht und man es nicht merkt. Plötzlich ist es da, im letzten Stadium, und so war es bei mir.

Und ich wußte plötzlich: So, jetzt bin ich entweder vom Fenster weg, wenn ich der Massen-Überzeugung die Macht verleihe, die eben der Meinung ist, man habe bei einigen schweren Krankheiten keine Chance. Mach doch lieber gleich dein Testament!

Ich, der mich mit den Geistigen Gesetzen wohl doch beschäftigt hatte, wußte: Das ist kein Schuß vor den Bug; das ist eine Breitseite, die ich da jetzt verpaßt bekommen habe, aber gezielt. Aber noch lange nicht ist der Untergang damit beschlossen. Es ist eine Breitseite, weil ich die Schüsse vor den Bug scheinbar nicht gehört habe. Aber daß es mir jetzt tatsächlich an den Kragen ging, der Meinung war ich keinen einzigen Augenblick. Und deshalb sagte ich mir: »So, jetzt muß ich etwas ändern. Jetzt habe ich noch zwei, drei Wochen Zeit, bis Morphium eingesetzt wird, und dann ist es zu spät, dann ist mein Geist nicht mehr frei.« Also hatte ich noch Zeit. Ich habe Freunde an mein Krankenbett gebeten, und wir fingen an zu philosophieren. Wir haben jetzt nicht in der Vergangenheit gewühlt, weil wir ja wußten, das ist Unsinn. Wir fingen an, philosophisch-spirituelle Gespräche zu führen. Wir begannen zu reden: von dem »Wo-kommen-wir-wohl-her«, dem »Warum-sind-wir-wohl-da« und dem »Wo-gehen-wir-hin«.

Wann geht man eigentlich wohl dorthin? Mit vierzig, sechzig, achtzig Jahren? Dr. Murphy war 87. Ich habe mich im Kreis der Freunde gefragt: Ist es für mich jetzt schon Zeit, dort hinzugehen? Muß es so sein? Gibt es da eine Gesetzmäßigkeit, oder habe ich das selbst verursacht, daß ich jetzt an der Schwelle stehe? Ich erkannte hier: »Das habe ich selbst zu verantworten, obwohl ich es zuvor nicht so ganz klar gesehen habe.« Also philosophierten wir zusammen. Wir haben einmal sieben Stunden Gespräche geführt – Nonstop.

Und immer klarer wurde mir: Es war mein Egoismus, meine kurzsichtige Art zu denken, die im Körperlichen etwas manifestiert hatte, was für mich seit dieser Zeit Ausdruck von Egoismus ist.

Wenn plötzlich eine Zellgruppe ausschert aus ihrer vorgeschriebenen Teilungsrate, ohne Rücksicht auf Verluste, ohne Rücksicht auf den Gesamtkörper, und sagt: Ich, die Zellgruppe, will leben und will leben und leben und mich ausbreiten und gar nicht daran denken, daß der Körper dann ja sterben muß und ich dann ja wohl auch, das ist doch wohl Egoismus. Und ein sehr dummer Egoismus dazu. Ich erkannte, was sich in meinem Körper manifestiert hatte.

Egoistisches Gedankengut. Ich erkannte in meinem Leben Situationen, wo ich egoistisch gewesen war. Ich erkannte auch einen generellen Tenor eines dummen, niedrigen Egoismus, und mir wurde klar, daß das wohl nicht der Sinn und Zweck meines Lebens ist. Daher gelobte ich mir Besserung. Diese Besserung geloben, war kein Lippenbekenntnis. Unser Inneres weiß sehr wohl zu unterscheiden, ob wir nur betteln, aus den Wünschen heraus, davonzukommen – oder ob es uns wirklich ernst ist. Ob unsere Wandlung echt ist.

In meinem persönlichen Fall war sie ernst und entsprach der Wahrheit. Nach ein paar Wochen standen die Ärzte vor einem Rätsel: Mein Körper, der voller Metastasen gewesen war, zeigte im Computertomogramm keinerlei Geschwülste mehr. Ich war gesund.

Das ist möglich, wenn ein Mensch weiß, was sich hier vollzieht. Weiß er es nicht und klammert sich angstvoll an den möglichen tödlichen Ausgang seiner Krankheit, dann geht es mit ihm zu Ende. Mir war klar, daß ich es schaffen werde. Für mich war diese Krankheit eine wichtige Erfahrung. Eine Warnung, mein Leben bewußter und sinnvoller zu gestalten. Toleranter zu sein, durchlässiger, weicher, herzlicher. Mehr das zu sagen und auszudrücken, was ich fühle, was ich empfinde. Weil unausgedrückte, ungelebte Gefühle dazu neigen, sich zu stauen und wieder in Form von Aggressionen zu Depressionen zu werden. Und Depressionen sind zum Teil nach außen oder auch nach innen gerichtete Energien, die sich zum Teil auch körperlich manifestieren können. Also hörte ich auf damit und begann meinen neuen Start. Und ich glaube nicht, daß mir das noch einmal passiert in diesem Leben; ich glaube, daß ich mein Lehrgeld gezahlt habe, daß ich meine Erkenntnisse über Leiden erhalten habe. Seit dieser Zeit weiß ich aus eigener Erfahrung, daß Leiden einen tiefen Sinn hat. Schon vorher hatte ich darüber gesprochen; von innen heraus wußte ich um diese Dinge. Da ich eben doch eher ein Praktiker bin, mußte ich das selbst probieren, ob es auch stimmt.

Also habe auch ich viel gelitten in meinem Leben, bis ich erkannte: Es ist Sinn im Leiden. Leiden hat einen Auftrag. Leiden ist nicht Zufall, und Leiden heißt nicht, der Schöpfung ein Bein stellen. Der Schöpfer denkt sich was dabei, wenn er Leiden zuläßt.

Das ist etwas, was in uns selbst abläuft, dieses Prinzip Leiden, das niemals tatsächlich gegen uns gerichtet ist. Leiden ist vielmehr freundlich; Leiden und Probleme sind Sprungbretter.

Mit der Mentalität eines Menschen, der die Opferrolle spielt, wäre der positive Ausgang meiner Krankheit kaum möglich gewesen.

So war es bei mir. Ich war unsensibel. Und deshalb hatte es so »dick« kommen müssen.

Das Fazit: ein bißchen mehr Freiwilligkeit, ein bißchen mehr Miteinander, mehr Bereitwilligkeit und Liebe. Nicht erst, wenn es wieder hart kommt, aktiv werden, sondern schon vorher, wenn es noch keine Anzeichen gibt, etwas zu tun. Bei einer leichten Gastritis schon überlegen: Warum habe ich sie? Und nicht erst beim Magengeschwür oder bei Magenkrebs reagieren, sonst kann es wirklich recht spät sein – zu spät nicht, aber recht spät sein. Sterben müssen wir zwischen achtzig und hundert Jahren sicherlich. Da ist irgendwo eine biologische Grenze. Wenn wir früher sterben, sterben wir freiwillig. Weil wir unter Umständen zu denen gehören, die sagen: Mit mir nicht! Mit dem Kopf durch die Wand! Mich kriegt keiner klein. Das ist kein Naturgesetz, das dich zwingt, sondern deine eigene Hartnäckigkeit, Intoleranz und Unsensibilität.

Jede Krankheit ist ein Botschafter. Fast jeder von uns leidet in irgendeiner Form. Leiden ist aber keine Kraft, die der Kraft, an deren Existenz ich glaube, entgegengesetzt ist. Leiden ist nicht der Teufel, und das Positive ist Gott. Es gibt nichts außer Gott in seinen vielfältigen Erscheinungsformen. Leiden war für mich auch eine göttliche Erscheinungsform, die in meinem Fall notwendig war, weil ich sonst nicht reagiert hätte. Hätte ich nicht dieses Leiden erlebt, ich hätte mein Leben nicht so radikal verändert. Meine Schmerzen machten entsprechende Erkenntnisse fällig – und sie trafen ein.

Alles das ist eine Frage unserer Sensibilität: Wann fangen wir an, zu reagieren? Zwischen Verhärtung und Sensibilität ist ein fließender Übergang. Krankheit entsteht vor allem durch Abwesenheit von Liebe in unserem Leben. Wenn wir alte, negative Gedanken auflösen und Liebe und Anerkennung üben, ernten wir Gesundheit und Glück.

Das Thema ist unendlich. Und somit kann diese Thematik nicht an einem Tag, nicht in einem Leben besprochen werden. Sie kann nur angerissen werden, und ich empfehle all denen, die sich mit Metaphysik beschäftigen, die Geistigen Gesetze hauptberuflich zu praktizieren. Meine Bücher sind mein eigener Beitrag zu lehren und zu vermitteln.

Dabei kann man ruhig einen Beruf ausüben, nebenbei, vorübergehend. Aber irgendwann sollte es mehr und mehr, idealerweise hauptberuflich werden, denn der Mensch braucht Informationen über die Geistigen Gesetze, über Ursache und Wirkung. Und je mehr hier lehrend tätig sind, um so schneller wird die Welt sich zum Positiven hin verändern können. Und all die, die es sich zum Beruf gemacht haben, auf psychologischem oder medizinischem Sektor Menschen zu helfen, sollten erkennen, daß das Vermitteln der Geistigen Gesetze die beste Medizin ist, die es gibt.

Jedem, der Schmerzen hat, der an einer bestimmten spezifischen Krankheit leidet, muß man ein Medikament verabreichen. Ihm dieses Medikament allerdings allein zu verabreichen, hilft nicht entscheidend weiter. Symptome zu bekämpfen heißt: immer Symptome zu verschieben. Und ein Medikament kann sich immer nur gegen Symptome richten. Es kann nicht anders sein. Dieser Logik kann sich niemand verschließen, auch wenn er noch so sehr im Intellekt verhaftet ist.

Hat jemand Schmerzen, ist er massiv krank, muß er ein Medikament bekommen; noch am selben Tag aber sollte ein Gespräch beginnen über die Geistigen Gesetze. Dieses Gespräch hat das Ziel, dem Patienten seine Verantwortlichkeit zu zeigen und ihn aus seiner Opferrolle zu befreien.

Um üblichen Einwänden vorzubeugen: Ein Kind, das mit schweren Conterganschäden auf die Welt kommt, hat das selbst nicht verursacht. Es war die Gesellschaft, die in ihrer Art zu denken, in ihrer Habsucht und Geldgierigkeit einfach Medikamente auf den Markt wirft, die nicht genügend getestet sind.

Es gibt viele Ausnahmen, in der Regel aber sollten wir erkennen lernen: Ich bin für das verantwortlich, was geschieht. Und wenn der Arzt das nicht tut, dann erfüllt er sein Dasein nicht. Dann ist er kein Arzt, sondern ein Kaufmann, der Medizin studiert hat.

Aber es gibt noch viel zu viele Ärzte, die einfach nur ein Rezept ausstellen und sagen: Kommen sie in acht Tagen wieder.

Und das Gespräch, das notwendig wäre, wird nicht geführt, weil es die Kasse nicht adäquat bezahlt.

Das ist in der Tat ein sehr eingeschränktes Denken! Ein Patient braucht mehr als ein Rezept. Er braucht eigentlich kein Rezept. Er braucht vielmehr ab und zu jemanden, mit dem er, über das, was ihn bewegt, reden kann. Jemanden, der ihn auf eine positive Schiene hebt.

Und dann beginnt ein großer Prozeß, der das Leben jedes Menschen total verändern kann.

Deswegen ist er ja gekommen. Er bietet irgendein Wehwehchen an. Aber das ist nur ein Symptom. Wir sollten erkennen: Hier ist Unzufriedenheit im System! Die Seele ruft um Hilfe. Und wenn ich jetzt die Unzufriedenheit durch ein Medikament kompensiere, dann zeigt sie sich anderswo. Es wird also so weitergehen.

Die Wartezimmer sind gefüllt von Menschen, die von einer Krankheit in die andere fallen. Und da wir gute Ärzte und gute Medikamente haben, werden wir natürlich auch relativ oft Erfolge bei der Symptombehandlung vorweisen können.

STILLE GEDANKEN

Glück ist, was lächeln macht,
was Angst, Sorge, Ungewißheit vertreibt
und inneren Frieden schenkt.
Es ist ein magisches Licht im Herzen eines Menschen,
dessen Leben von Liebe erfüllt ist.

5 LEIDEN IST EIN WERTVOLLER BOTSCHAFTER

Leiden ist, das möchten wir nochmals wiederholen, ein wertvoller Botschafter, durch den unsere Seele direkt zu uns spricht. Es will uns auf etwas aufmerksam machen. Oftmals auch – und gerade – auf Dinge, die außerhalb unserer eigenen kleinen psychischen und körperlichen Welt geschehen.

Aus dieser Perspektive sehen wir die Krankheit Aids, über die uns viele Schüler und Freunde immer wieder befragen. Für uns ist Aids eine Krankheit wie andere auch.

Wenn dir gesagt wird, daß sie tödlich ist, und du glaubst das, ist sie es auch. Noch ist der Beweis, daß sie nicht tödlich ist, anzutreten. Ist er einmal erfolgt, wird die Glaubwürdigkeit, Aids sei notgedrungen tödlich, erschüttert sein, und es werden immer mehr sein, die nicht an dieser Krankheit sterben.

In der Symbolik von Aids liegt ein Symptom unserer Zeit. Die Ängste, die wir in unserer Gesellschaft erleben, haben manigfaltige Blüten hervorgebracht. Krankheiten sind Symptome, Reaktionen auf Ängste.

Allergien sind beispielsweise Reaktionen auf Situationen, mit denen du glaubst, nicht fertig werden zu können. Dein Immunsystem reagiert allergisch auf alles mögliche. Du bist informiert über alle möglichen gefährlichen Prozesse; sie ängstigen dich, du weißt zwar nicht, was du tun kannst, und hast als Vorsorge schon einmal die innere Abwehr hochgefahren. Ein Adrenalinstoß stellt körperliche Energien zur Verfügung; rufst du sie nicht ab, läßt die freigesetzte Energie dich zittern. Bist du genügend geängstigt und weißt aber nicht, wie du kompensieren kannst, weil zuviel als aussichtslos hingestellt wurde, wird deine Wut sich gegen dich selbst richten und fortan Depressionen heißen. Deine Kraft sinkt, dein Mut verläßt dich, dein Immunsystem fährt herunter, und du bist anfällig für Krankheiten. Selbst wenn kein Erreger da ist, reagierst du auf harmlose Stoffe – allergisch. Allergien sind für uns übersteigerte Abwehrreaktionen von jemandem, der um sein Leben kämpft. Wenn du Lebensangst hast, kämpfst du um dein Leben. Da du aber nicht genau weißt, was du machen sollst, entwickelst du Allergien. Du »schießt« aus vollem Rohr auf im Grunde harmlose Stoffe, weil du den eigentlichen Feind – deine Angst nämlich – nicht ausgemacht hast.

Fällt dann dein Mut zusammen und du hörst auf, dich zu wehren, weil dir alles sinnlos erscheint, dann brichst du zusammen. Du stürzt in tiefe Depressionen – und dein Körper folgt dir, indem dein Immunsystem ebenfalls kollabiert und gegen Erreger nichts mehr ausrichten kann.

Diesen Prozeß nennen wir augenblicklich »Aids«. Es ist der Ausdruck einer globalen Situation, einer weltweiten Angst. Du kannst dich aus ihr nur lösen, indem du dir der Zusammenhänge bewußt wirst und – eigen-verantwortlich – für deinen Schutz sorgst.

Warum werden wir eigentlich krank?

Ohne Ausnahme ist alles in dieser Welt, alles, was in diesem Universum existent ist, das Ergebnis eines entsprechenden geistigen Inhalts. Das, was du als Krankheit empfindest, hast du geschaffen. Oder sie ist dir gegeben worden, vielleicht in der Kindheit, ohne daß dir die Zusammenhänge bewußt waren. Alles, was manifest ist, ist das Ergebnis eines entsprechenden geistigen Inhalts.

Du warst so voller Idealismus, so voller schöner und guter Gefühle. Aber es wurde dir aberzogen, sie zu artikulieren, sie zu äußern, sie umzusetzen. Du wolltest dieser Welt etwas geben, weil du deinen Auftrag eigentlich immer schon gekannt hast: nämlich dein Bestes zu geben.

Aber die Welt hat sich verhalten, als wollte sie es nicht, sie hat zurückgegeben, was du ihr geben wolltest. Vielleicht hast du es ein wenig unbeholfen angeboten, vielleicht auch zum falschen Zeitpunkt. Sie hat es auf jeden Fall zurückgewiesen. Und dein Wunsch, dieser Welt dein Bestes zu geben, dieser wunderbare Wunsch verwandelte sich irgendwann in Traurigkeit. Du wurdest das Gefühl nicht mehr los, nicht dazu berechtigt zu sein, dich einzubringen. Das hat dich traurig gemacht.

In diesem Universum strebt alles nach mehr. Also sucht Traurigkeit auch nach Nahrung, und sie wird mehr und mehr Traurigkeit. Wie geht es weiter?

Weil auch niemand deine Traurigkeit haben will, wird aus dieser Traurigkeit Aggressivität, und auch die lehnt jeder ab. Du bekommst massiven Ärger, wenn du aggressiv bist. Du wirst mit Nichtbeachtung bestraft, wenn du aggressiv bist. Du wirst nicht in den Arm genommen, wenn du einen Wutanfall hast oder traurig bist. Und diese Traurigkeit, diese Aggressivität, suchen auch wieder weiter nach Nahrung, weil es einem Gesetz entspricht. Dann wird aus dieser Aggressivität Depressivität, und das sind Millionen und Aber-Millionen von Menschen. Die pilgern in die Apotheken, die mittlerweile fast ebenso häufig wie Lebensmittelgeschäfte vorkommen, und holen sich »warme Schmuser«, synthetisch hergestellt, die eigentlich »kalte Fröstler« sind, um sich ein wenig aufzuhellen, »Sonnenbrillen« für ihre Psyche.

Solange die Leber dieses Medikament nicht abgebaut hat, wirkt es – dann aber fällst du in dein Loch zurück.

Das tust du eine Zeitlang, du lebst deine Gefühle nicht, deine Aggressionen; sie werden zu Depressionen, und du lebst deine Depressionen nicht. Du verbirgst sie vor dir und anderen, und schließlich manifestieren sie sich körperlich. Dir fehlen Umarmungen für den Stoffwechsel.

Wenn ein krankmachender geistiger Inhalt da ist oder der Inhalt deines Geistes, der sich in Gedanken ausdrückt, negativ, destruktiv oder zerstörerisch ist, dann hast du die Ursache für die Krankheit. Erst wenn du ihn als tatsächlich hintergründigen Hintergrund erkannt hast, dann – und nur dann – kannst du etwas ändern.

An diesem Punkt setzt unsere Therapie an, die wir seit mehr als einem Jahrzehnt erfolgreich praktizieren. Ihr erklärtes Ziel: das Bewußtsein des Menschen zu erweitern. Wir lassen jemanden, der in (s)eine Problematik verstrickt ist, sie aus einer übergeordneten Perspektive betrachten.

Wir geben ihm neue Blickwinkel, die ihm Variationsmöglichkeiten zeigen, die seine bisherige Einseitigkeit öffnen. Wir helfen ihm, sich endgültig und dauerhaft aus seiner Opferrolle zu lösen.

Jede gute Therapie sollte dazu beitragen, den Suchenden aus der übergeordneten Perspektive der Zeit- und Raumlosigkeit das betrachten zu lassen, was er als sein »Leiden«, was er als sein »Problem« betrachtet. Er sollte lernen zu erkennen, was der Schöpfer gemeint hat, als er das, was er sein »Leiden« oder sein »Problem« nennt, geschaffen hat.

Jemanden zu lieben heißt ja auch nichts anderes, als ihm das zu sagen, was der Schöpfer sich gedacht hat, als er ihn gemacht hat.

Wurden wir in der Kindheit in der Phase unterdrückt, in der wir eigentlich hätten lernen sollen, uns zu artikulieren, dann kann es sein, daß wir auch im Erwachsenenleben unsere Gefühle nicht artikulieren können. Dann passiert etwas, was eigentlich ganz normal ist: Unsere Gefühle, die nicht gelebt wurden, verdichten sich zu etwas, was am besten mit Frustrationen bezeichnet wird. Frustrationen, die unterdrückt werden, akkumulieren zu Aggressionen. Gefühle von Traurigkeit, die wir nicht gelebt haben, akkumulieren. Wenn sie nicht gelebt werden, wird ein Teil davon sich gegen uns selbst richten als Depressionen. Ein anderer Teil stürzt ins Körperliche, und wir fangen an, zu somatisieren (Soma = Körper). Ein Teil dieses Potentials an Energie stürzt also in das Körperliche und wird in diesem Gleichklang der Organe einen Dyston erzeugen.

Energiepotentiale fangen an zu stören in diesem feinen Gleichklang der Organe, und dann fängt es an, irgendwann sehr weh zu tun. Selbst wenn du dir ein dickes Fell angeeignet hast, weil es dir eben wünschenswert erschien, ein dickes Fell zu haben, irgendwann, wenn es sehr weh tut, fängst du an zu schreien. Spätestens dann gehst du zu einem Arzt. In der Mehrzahl der Fälle wird er deine schmerzenden Stellen mit Salben oder Tabletten behandeln, anstatt nach den Ursachen zu suchen, die dahinterliegen: deine Traurigkeit, dein Gefühl, abgewiesen zu werden, die Lieblosigkeit, die du erfahren hast. Er sucht den Grund deines Leidens auf der körperlichen Ebene und diagnostiziert – um bei dem Beispiel zu bleiben – vielleicht Gallensteine.

Kaum ein Patient kann mit der ärztlichen Diagnose etwas anfangen, leider wird es auch nicht erklärt. Dabei wäre es wichtig, daß der Arzt, daß der Heilpraktiker sagt: »Hier sind irgendwelche Energiepotentiale, die du nicht lebst; Gefühle von Traurigkeit, Aggressionen, die du nicht artikulierst. Die funken jetzt rein in die fein abgestimmte Energie eines sich in Harmonie befindlichen Körpers, und das führt jetzt zu Problemen.«

Wenn wir darauf nicht, auf diese vegetative Dystonie – Erröten, Schwitzen, Stottern und was auch immer es sein mag – hören, wird daraus eben eine Krankheit. Bei einer vegetativen Dystonie haben wir die Möglichkeit, die Botschaft zu verstehen und somit weiteres Leiden unnötig werden zu lassen. Der Fehlton im Gleichklang der Organe hat Signalwirkung (Klingeln). Überhören wir die Botschaft, verdichtet sich unser Fehlverhalten zur Krankheit, die dann als tatsächliches Leiden in der Regel nicht mehr negiert werden kann. Krankheit läßt uns leiden, und dieses Leiden hat einen Sinn. Denn es gibt nichts, was wir zu erkennen in der Lage sind, was keinen Zweck hat. Leiden soll uns zur Harmonie des Ganzen zurückführen.

Leiden ist ein Botschafter, der uns sagen will, daß wir etwas falsch machen. Und wenn wir nicht auf dieses Leiden hören, dann wird es eskalieren, bis zu jenem Punkt, an dem wir nicht mehr in der Lage sind zu kompensieren, weder mit Ignorieren, noch mit Schmerzmitteln. Es kommt im Leben eines jeden Menschen ein Punkt, an dem er aufgrund von Leiden anfängt nachzudenken. Mag sein, daß er im Krankenhaus mit einem Schlaganfall landet, mit irgendeiner schweren Krankheit; mag sein, daß diese Energien in ihm zu einem Unfall geführt haben. Im Krankenhaus ist es dann auch die erste und wohl auch die beste Gelegenheit, darüber nachzudenken:

»Hier ist etwas in mir, was mich an diesen Punkt geführt hat. Ich habe vorher nicht gehört. Ich habe zuvor die Botschaft nicht wahrgenommen.«

Leiden ist kein Webfehler im Strickmuster des Seins, sondern hat eine klare, definierbare Funktion. Immer werden Menschen das gleiche zu einer leidvollen Situation sagen, wenn sie genügend Abstand haben – einen Monat, ein Jahr, zehn Jahre: »Es war eigentlich ganz gut, wie es damals gekommen ist, denn ich habe aufgrund dieser Geschehnisse dies und jenes getan. Dabei kam das und das heraus, und es war eigentlich ganz gut so.«

Wir werden fast immer das akzeptieren, worunter wir vorher gelitten haben. Wir sollten also aufgrund dieser Erkenntnis verstehen, daß Leiden Sinn hat, daß Leiden uns kostbare Mitteilungen macht. Schmerzen sind nichts anderes als Übermittler, die sagen: »Ich bin verpflichtet, diese Botschaft an den Mann/die Frau zu bringen.«

Manchmal kann es passieren, daß der Adressat ein bißchen schwerhörig ist. Der Botschafter klingelt und klingelt und klingelt, der andere reagiert nicht. Da kommt es vor, daß ihm das zuviel wird: Er klemmt ein Streichholz in die Klingel. Die Folge: ein Dauerschmerz, eine chronische Krankheit. Eine chronische Krankheit, ein Dauerschmerz sind nichts anderes als eine Botschaft, die ununterbrochen klingelt und klingelt, weil (Lebens-)Gefahr im Anzug ist.

Kaum eine Krankheit überfällt uns aus heiterem Himmel. Meist geht ein langer, oft jahrelanger Prozeß voraus, in dem wir alle Signale geflissentlich überhört haben.*

Krankheit ist etwas, was uns etwas sagen will. Krankheit ist nichts Natürliches. Krankheit oder Leiden sind Mittel zum Zweck. Und wenn wir das erkannt haben, daß das Leiden ein Botschafter ist, und wenn wir die Botschaft verstanden haben, dann ist das Leiden hinfällig geworden. Dann ist der nächste Schritt sehr logisch. Sehr viele, die diesen Punkt erreicht haben, praktizieren ihn, indem sie sagen: »Von jetzt an werde ich freiwillig das tun, was ich vorher immer nur aufgrund von Leidensdruck getan habe. Ich werde von nun an so sensibel sein, daß ich auf diese feine innere Stimme höre, die mir sagt, wenn etwas nicht im Gleichgewicht ist.«

Denke in der nächsten Zeit daran: Das, was du an Schmerzen leidest, ob seelisch oder körperlich, entspricht den Gefühlen auf der positiven Seite, die du nicht äußern konntest. Die Intensität an körperlichem Leiden und Schmerz entspricht absolut der, die du an positiven Gefühlen einbringen wolltest, aber nicht

* Vgl. dazu auch Thorwald Dethlefsen/Rüdiger Dahlke: Krankheit als Weg

konntest. Man ließ dich nicht, oder du warst zu ängstlich, es zu tun. Sage dir und auch anderen, daß du leidest! Kaschiere dieses Leiden nicht mit Verhaltensmustern, die das Gegenteil zeigen sollen. Je mehr du einem Menschen begegnest, der demonstriert, wie locker, wie gelöst, wie souverän er ist, um so mehr kannst du daraus schließen, daß er zu überspielen versucht. Daß er vor sich und den anderen nicht aufzeigen möchte, wie eng es in seinem Inneren geworden ist.

Sage dir – am besten laut – mehrmals am Tag: »Ich werde von nun an von *dem* Gebrauch machen, was mir gegeben ist – nämlich mein Bewußtsein, meinen Geist nach vorne schicken, damit er mir Kunde bringt von dem, was mir begegnet. Auf diese Weise kann ich meinen Kurs ein wenig verändern, damit ich nicht plötzlich vor einer Wand stehe. Entdecke ich, daß ich an einer Stelle nicht weiterkomme, biege ich ab oder gehe rückwärts. Ich bin in der Lage zu wissen, was mir begegnet. Ich begrüße mein Leid als Botschafter.«

Dieses Grundmuster – das Abweichen von der Harmonie – bezieht sich auf alle Krankheiten. Der Hintergrund alles dessen, was wir als Disharmonie empfinden, ist Angst. Angst kommt von Enge. Empfindest du Angst, beginnst du dich beengt zu fühlen. Je nachdem, wie deine Kindheit verlaufen ist, je nachdem, was deine Bezugspersonen dir vorgelebt haben, hast du angefangen nachzuahmen. Über die Identifikation hast du versucht, deiner Familie gleich zu sein. Du hast dich über die Nachahmung angepaßt und sippenspezifische Verhaltensmuster übernommen. Wenn dir in deiner Familie, in deiner Kindheit gezeigt worden ist, daß man mit Bauchschmerzen reagieren kann, mit Migräne, mit Verstopfung, Durchfall, mit Atemschwierigkeiten, mit irgendwelchen Krankheiten, dann hast du aus dieser Palette von Angeboten etwas ausgewählt. Die Symbolik, die sich in Krankheit ausdrückt, hat weiche Übergänge. Du hast also ausgewählt zu reagieren.

Ein Beispiel soll das verdeutlichen:

Man sagt, wer mit dem Luftholen Schwierigkeiten hat, der hat das Gefühl, nicht berechtigt zu sein, am Leben teilzuhaben. Es ist ihm verwehrt, aus dem Moment heraus zu schöpfen, einen tiefen Atemzug zu holen. Deshalb kommt es zu Verkrampfungen, zu Angst, die sich im Bereich der Bronchien und der Lunge manifestieren kann. In diesem Fall haben wir jemanden vor uns, der in einem Ozean von Luft zu ersticken droht.

Krankheiten, die besonders die Störung im Geben und Nehmen symbolisieren, sind Bronchitis und Asthma. Der Asthmatiker ist ein Mensch, der Angst hat, nicht genug zu kriegen, der Angst hat, irgendwann einmal »ohne« dazustehen. Er setzt diese Angst um auf den Sauerstoff, auf die Luft. Er atmet ein – mit dem Geben hat er es nicht so; er atmet noch mal ein, mit dem Geben hat er es nicht so, er will ja Vorrat haben; er atmet ein, er atmet ein, er atmet ein: Der Brustkorb wird immer größer, die Augen quellen raus, er kriegt schon blaue Lippen. Im Laufe von Monaten, Jahren, er atmet ein, er will nicht hergeben, weil es ja sein könnte, daß irgendwann zuwenig da ist, und da will er ja Vorrat haben – er atmet immer nur ein. Er will nicht geben, er will immer nur haben und erstickt fast daran. Ein Asthmatiker kann ersticken – an der Luft, die er behalten will. Außerdem nützt sie ihm nichts; er kann diesen Sauerstoff gar nicht speichern, es ist verbrauchte Luft, die er da hält.

Dieses Verhaltensmuster ist ein Ausdruck der körperlichen Ebene von Angst, irgendwann nicht mehr genug zu haben.

Einem Asthmatiker kann man in der Hypnosetherapie schnell helfen. Wir können in der Hypnose jemandem innerhalb von wenigen Sekunden einen schweren asthmatischen Anfall induzieren. Wir können in zehn Sekunden in einer guten Hypnosesitzung einen Asthmaanfall aufheben.

Und der »Patient« hat die Möglichkeit, sein »Leiden« begreifen zu lernen und sein Leben aktiv umzugestalten.

Ähnliches gilt auch für die Migräne, die ebenfalls eine sehr machtvolle »Botschafterin der Seele« ist. An Migräne leiden fast ausschließlich Frauen. Für uns ist Migräne eine Art von »Orgasmus im Kopf«. Fast alle, die Migräne haben, haben keinen Orgasmus, da wo er eigentlich hingehört. Vielmehr leben diese intensiven Gefühle, die sie sich nicht zugestehen, die sie zu intellektualisieren versuchen, im Kopf in entsprechend schmerzhafter Energie.

Kopfschmerzen und Migräne sind absolut proportional zu Gefühlen, die du nicht gelebt hast.

Wenn du dir einen Orgasmus nicht gestattest, dann verschwindet diese orgiastische Energie deswegen nicht; sie wird nur von dir verdrängt. Du hast etwas nicht zugelassen, du hast ein Gefühl nicht gelebt, aber es wird sich addieren, akkumulieren. Du zeigst Gefühle nicht; das betrifft nicht nur den Orgasmus, sondern alle deine Gefühle, du lebst sie nicht und drückst sie nicht aus, obwohl sie das Wertvollste und Schönste an dir sind. Vielleicht hast du die Erfahrung gemacht, zurückgewiesen zu werden, wenn du sie offenbarst; oder sie sind dir kaputtgemacht worden, und man hat dich als »Gefühlsdusel« verlacht.

Wenn du also glaubst, deine Gefühle verdrängen zu müssen, dann wird sich die Energie, die sich in diesen Gefühlen ausdrücken will, irgendwo stauen und eventuell explosiv abreagieren. Das kann auch in einem epileptischen Anfall, der fast immer eine Explosion angestauter Aggressionen ist, kulminieren. Aggressionen sind Gefühle, die du nicht gelebt hast; die schönsten Gefühle der Welt werden, wenn du sie nicht lebst, sauer und drücken sich dann oftmals im ungeeignetsten Augenblick aus.

Du hast gelernt – wie sich das so gehört in unserer Gesellschaft –, ein Meister im Unterdrücken von Gefühlen zu sein. Du läßt es nicht zu, daß sich Gefühle explosiv durch einen Wutausbruch abreagieren können, damit du erst einmal eine gewisse Erleichterung verspürst. Wenn du dir das auch nicht gestattest, wenn dir das auch in deiner Kindheit aberzogen wurde, dann wird der Prozeß des Abreagierens schleichend stattfinden. Er wandelt sich in das Körperliche und wird sich über die Dysfunktion des Organischen zur Krankheit entwickeln und dort ausgelebt werden müssen.

Warum, so fragst du dich vielleicht nach diesen Gedanken, können auch kleine Kinder und Tiere schon schwere Krankheiten – beispielsweise Krebs – bekommen?

Kinder und Tiere bekommen Krebs, weil auch sie ein integrierter Bestandteil unseres Planeten und nicht isoliert zu sehen sind. Alles ist eine Erscheinungsform des Vielfältigen. Auch wenn ein Kind oder ein Tier sich nicht von sich aus negativ verhält oder negativ denkt, ist es doch integriert in einen psychischen Ozean von Destruktivität der Angst und Negativität, der auch auf das Kind, auf das Tier eine Wirkung hat. Viele Tiere, die nah mit Menschen zusammenleben, sind neurotisch. Sie zeigen Verhaltensmuster, die weit von ihrer tierischen Norm entfernt liegen; ähnlich ist es auch bei einer Vielzahl kleiner Kinder. Sie selbst denken nicht negativ; ihre Eltern aber zwingen ihnen ihre Gedanken und Verhaltensmuster auf: oftmals auch angsterzeugende, krankmachende Gedanken. Und eben Angst führt dann zu den oben beschriebenen Reaktionen.

In den Kindern spiegelt sich die familiäre Situation wider. Schau dir einen aufgeweckten Sechsjährigen an, der sich mit seinem Vater identifiziert! Gewohnheiten, Gesten, körperliche Bewegungsabläufe werden imitiert. Der Vater ist eine Art »Gebrauchsmuster«, das der Sohn kopiert.

Ähnlich verläuft es auch mit »Familien«-Krankheiten: Wachsen wir in einer Familie auf, die meist ängstlich und traurig ist, werden wir uns höchstwahrscheinlich unbeschwert dazu entscheiden, ähnliche Gefühle zu leben.

Meine beiden Eltern starben nacheinander innerhalb eines Jahres, beide an Krebs. Ich selbst bekam – über die Schiene Identifikation – ebenfalls Krebs. Allerdings konnte ich durch die Fortschritte der Medizin und eine tiefgreifende Wandlung meiner Einstellung zum Leben den Ausgang positiv mitbestimmen.

Ich weiß heute, daß meine Eltern von mir ausgesucht wurden, weil ich genau diese Mutter, diesen Vater für mein Wachstum gebraucht habe. Aber niemand muß auf Dauer in der Welt seiner Eltern leben. Werden uns die Hintergründe eines Geschehens bewußt, kann das Neue seinen Verlauf nehmen.

Für mich war es gut, den Tod kennengelernt zu haben. Er hat mich die Sehnsucht zum Leben gelehrt. Krebs hat bei mir zur Bewußtheit geführt, selbst Handlungsbevollmächtigter zu sein. Nicht Opfer, sondern eigenständiger Geist auf der Suche nach dem eigenen Erwachen. Machen wir von unserer Freiheit Gebrauch, dann müssen wir nie steckenbleiben! Wir können jederzeit andere Gedanken wählen.

Glücklich ist der Mensch, der sein eigenes Leben fröhlich und erwartungsvoll bestimmt und die Kümmernisse seiner Vorfahren liebevoll vergißt!

Du bist das »Kind«, nicht die Eltern. Du bist das »Neue«, das die Haupteigenschaft hat, vorher noch nicht dagewesen zu sein.

MEDITATION

Herr, laß mich sein, wie die Luft ist!

Laß mich so wie die Luft eine tragende Kraft sein – die Kraft, die die Mücke so sicher trägt wie den Adler.

Ohne Mühe erreicht sie den höchsten Berggipfel, bewegt die Zweige einer Linde als Abendwind oder verwandelt als Sturm die Erde.

Und immer bleibt sie unsichtbar und vollbringt doch stets ihr Werk.

Die Luft gibt ohne Preis und versagt sich nie, ist niemals erschöpft und füllt jede Leere aus.

Luft ist der Atem des Lebens, denn ohne sie ist kein Leben möglich.

Herr, laß mich sein wie die Luft, die Luft, die durch nichts begrenzt ist.

Laß mich überall sein, wo ich gebraucht werde, und mein Werk tun, ohne auf Dank zu achten.

6 DIE KUNST, LOSZULASSEN ODER: LIEBE UND SUCHT

Viele unserer Probleme sind das Resultat von Kommunikationsschwierigkeiten. Wir haben verlernt, richtig miteinander zu reden. Wir sprechen über das Wetter, wir diskutieren über Filme und Bücher. Das aber, was uns wirklich berührt, erwähnen wir nicht. Würden wir öfters unserem Gegenüber sagen, was seine Worte, was seine Taten in uns wirklich auslösen – weil sie uns freuen oder uns verletzen –, würde eine wunderbare Brücke geschlagen werden, und echte Kommunikation könnte entstehen. Meist aber wagen wir nicht, unsere Gefühle zu zeigen aus Angst, uns damit lächerlich zu machen – wie wir alle es vielleicht schon zuvor erleben mußten. Gerade wir Deutsche sind dafür bekannt, sehr im Kopf zu sein und uns zu wenig aus dem »Bauch«, aus dem Gefühl heraus zu offenbaren. Das ist etwas, was wir gerade für unsere Partnerschaften, für unsere Eltern-Kind-Beziehungen wieder lernen sollten!

Das betrifft auch und besonders unsere kritischen Äußerungen, die wir oftmals unbewußt vom Stapel lassen. Du solltest liebesfähig sein in deiner Kritik, dann wirst du Menschen begegnen, die liebevoll an dir Kritik üben. Wenn Kritik eine Funktion von Liebe ist, dann ist sie berechtigt, dann ist sie gut und wichtig. Meist aber ist sie es nicht. Oftmals ist Kritik eine Abreaktion der Aggressionen eines anderen an dir. Das erkennst du intuitiv und empfindest es als ungut, ungerecht. Daher antwortest du mit gleicher Münze. Das gefällt wiederum deinem Gegenüber nicht, und die Situation kann sich weiter hochschaukeln, wenn da keiner aus dem Teufelskreis aussteigt.

Erkenne, daß die Kritik, die an dir geäußert wird, die dich in die Isolation geführt hat, auch in dir ist! Ändere zunächst in dir diese Form von Kritik. Dann wird sich auch das, was zu dir zurückkehrt, ändern. Dir wird nicht länger diese negative, destruktive Kritik begegnen, vor der du dich in die Einsamkeit geflüchtet hast.

Das Unmöglichste für einen Menschen ist, wenn keine Kommunikation stattfindet. Dann schon besser sich kritisieren zu lassen als das tödliche Schweigen. Es ist wirklich tödlich. Deswegen werden ja auch Menschen, wenn die Strafe ein Hochmaß sein soll, in Isolation gesetzt, in Einzelhaft, weil das am wenigsten erträglich ist. Lieber in einer Gruppe sehr negativer Menschen als gar nicht unter Menschen sein dürfen. Haß ist stark, aber Gleichgültigkeit ist stärker.

Im Spezifischen liegt unsere Aufgabe.

Da ist nicht etwas, was uns Ärger verursacht. Daß wir eben so sind, wie wir sind. Anders eben als der andere. Sondern das hat einen Sinn. Nämlich den Sinn unserer Existenz. Sonst hätte die Existenz auf uns verzichten können.

Suchen wir also nach dem, was durch uns, durch unsere Individualität in Raum und Zeit sich manifestieren will, was durch uns in diese Welt kommen will, dann werden wir zufrieden sein. Dazu sind Bücher und Vorträge geeignet, dazu sind Gespräche im Freundeskreis geeignet. Dazu sind Meditationen geeignet. Dazu müssen wir vielleicht einmal mit einem Rucksack drei Wochen von Hütte zu Hütte in den Bergen wandern, um zu uns zu kommen.

Wo in meiner Individualität ist das, was diese Welt braucht? Denn das ist ja auf der universellen Schiene die Grundlage unserer Existenz. Wir werden gebraucht.

Auf der speziellen Schiene ist die Grundlage unserer Existenz – ich wiederhole es – unsere Individualität. Was also wird durch mich in diese Welt kommen? Was braucht die Welt? Und was bekommt die Welt nur, weil ich da bin? Was würde in dieser Qualität, in dieser Einzigartigkeit, in dieser Einmaligkeit, in dieser ausgeprägten Form nicht in dieser Welt existieren, wenn ich nicht da wäre? Danach müssen wir suchen.

Meine Individualität ist meine Stärke.

Meine Stärke muß ich leben. Dazu bin ich hier auf dieser Welt. Tue ich es nicht, dann wenden sich meine – ungelebten – Gefühle gegen mich. Das Gesicht, der Spiegel meiner Seele, wird zur Maske. Und isoliert wiederum mein Gegenüber von meinen Gefühlen.

Daraus entstehende Depressionen versuchst du dann womöglich mit Medikamenten, Drogen, Nikotin zu kompensieren, um dem Teufelskreis zu entfliehen.

Helfen allerdings können diese scheinbaren »Helfer« nicht. Du solltest dir vielmehr darüber klar sein: Was ich hier erlebe, sind meine Gefühle, die als Autoaggression zu mir zurückkehren. Aggression ist nach außen gerichtete Aktion. Depression ist gegen sich selbst gerichtete Aktion (Aggression), die dann einsetzt, wenn kein Ventil die Energie nach außen ableitet. Ursache ist weder mein Nachbar noch mein Ehepartner, noch die Gesellschaft. Ich sollte diesen Grund zurückverfolgen.

Alles ist Ursache und Wirkung. Ich kann von einer Ursache auf sich daraus entwickelnde Wirkungen hochrechnen. Ich kann von einer Wirkung zurückrechnen auf die Ursachen, die diese Wirkung erzielt haben. Das ist ziemlich einfach.

Ein Kind, das sich freut, macht meistens Krach. Und gestreßte Eltern mögen das nicht. Daher sagen sie zu dem lauten, fröhlichen Kind: »Sei ruhig!«

Das Kind versteht nicht, daß es um Krach geht, es glaubt, es darf sich nicht freuen, und freut sich dann in Zukunft nicht mehr. Das ist die logische Folgerung, warum wir unsere Freude nicht offen zeigen. Wir haben die Erfahrung gemacht, daß es nicht willkommen ist.

Wenn Eltern das wissen, dann sollten sie ihrem Kind gestatten, zu schreien und zu toben, wenn es sich freut, der Freude Ausdruck verleihen und mit ihrem Kind ein Fest feiern. Nicht gelebte, nicht artikulierte Freude ist ungefähr so wie ein Liter Vorzugsmilch, die du bei einem der besten Biobauern holst – und dann sauer werden läßt. Diese beste Milch hat einen Wunsch: Sie möchte dich erfreuen, sie möchte dir guttun und du tust ihr unrecht, wenn du sie stehenläßt.

Genauso ist es mit unseren Gefühlen. Gute Gefühle, die wir haben und die wir nicht leben, werden sauer. Ein Mensch, der dauerhaft seine Gefühle nicht lebt, nicht artikuliert, wird sauer. Dann ist er frustriert. Dann wird er aggressiv. Dann braucht er therapeutische Hilfe – Ärzte, Heilpraktiker, Psychotherapeuten. Wenn er das Glück hat, gute, holistisch Denkende zu finden.

Die beste Therapie baut sich für uns auf dem tiefen Dialog mit dem Suchenden, dem Patienten auf. Dazu sind Liebe und Zeit nötig. Liebe ist kein standardisierbares Pensum. Sie ist ein Aufruf an die schöpferischen Möglichkeiten deines Herzens.

Freilich nutzt es nichts, wenn du dich in eine bequeme Erwartungshaltung zurückfallen läßt. Du mußt schon aktiv mitarbeiten. Den Mut haben, in deine eigene Tiefe zu gehen. Deine Tiefe ist da, wo deine Wurzeln sind. Wenn du dich ergründen willst, mußt du zu der Quelle gehen, aus der du entstammst. Zu den Wurzeln in deinem Sein in der Tiefe. Weit jenseits von Raum und Zeit ist deine Wurzel, ist die Quelle. Versuche es jeden Tag neu, aber nicht in einem Kraftakt. Versuche es, indem du Sehnsucht hast nach dem, was du suchst. Fange an, eine Liebesbeziehung aufzunehmen zu einem Zustand – oder nenne es Ort –, zu dem du möchtest. Wenn du eine Liebesbeziehung hast zu der Tiefe, in der deine Quelle und deine Wurzeln sind, dann wirst du allein aufgrund dieser Beziehung zu diesem Ort einen Bezug haben. Du wirst ihn anziehen und gleichermaßen von ihm angezogen werden. Und ohne dein weiteres Zutun wirst du Tiefgang haben.

Laß dich fallen, laß dich ein in etwas, was du deine Tiefe nennst! Liebe das, was du deine Tiefe nennst, und sie wird dich emporheben. Beginne eine neue Einteilung der Hierarchie in deinem Wesen. Beginne, das Rationale, das Intellektuelle an dir in einer neuen Position zu sehen. Fang an, deinen Intellekt nicht mehr als auf einem Thron sitzend zu bewerten.

Wissen ist nur dann Macht, wenn es mit Weisheit verwandt ist. Mit Weisheit gepaart, ist dein Wissen weise und nützt dir und anderen.

Stell dir vor, du hast fünf Talente, die ganz unterschiedlich sind. Vielleicht bist du in zweien dieser Talente nicht so hervorragend. Das macht nichts! Es genügt, wenn du es in den drei anderen bist.

Fragt dich nun jemand, warum du diese zwei »schwächeren« nicht weiter aktiviert hast, dann antworte ihm: »Ich habe doch drei glänzende Talente. Und das ist eine ganze Menge.«

Du kannst also auf etwas verweisen, was du hast. Dein Intellekt kann das nicht. Er hat nur die Möglichkeit zu verstehen. Und wenn er nicht versteht, ist es ihm unmöglich, zu dir zu sagen: Ich, dein Intellekt, verstehe das nicht, denn damit würde er sich ja selbst in Frage stellen; er würde Selbstmord begehen. Er würde dir sagen: Ich, dein Intellekt, bin begrenzt. Ich habe nicht die Möglichkeit, hier eine schlüssige Auskunft zu geben. Er wird das, was er nicht versteht, *negieren.*

Verlange von deinem Verstand nicht, daß er dir seine Grenzen aufzeigt! *Du* mußt derjenige sein, der den Überblick behält. Lerne jetzt auf die andere Seite, ganz in deine Gefühle zu gehen. Dann wirst du Fehler machen, andere Fehler, wieder neue Fehler. Lerne als nächstes die Synthese, deine Ratio einzusetzen und deine übergeordnete Sicht der Dinge; deine Möglichkeit, aus einer höheren Perspektive heraus wahrzunehmen.

Gehe erst einmal in das andere Extrem, wenn du stark im Intellekt verhaftet warst. Sei jetzt einmal nur Gefühlsmensch, um so schneller kommst du dann in der Mitte an: in der Synthese. »In die Tiefe gehen« ist ein Begriff, der jenseits deines Verstandes liegt. Die Tiefe ist etwas, was in dir ist, so wie die Höhe etwas ist, was unter Umständen außerhalb von dir ist, wenn wir mit Worten antworten müssen, die aus der Polarität stammen.

Die Tiefe ist dein tiefstes inneres Selbst, da wo keine Gedanken mehr sind, keine Wünsche, keine Ängste; wo tiefe Ruhe herrscht. Dort ist das, was wir Tiefe nennen. Dort wacht Gott in deiner Mitte.

Dein Intellekt ist ein Krückstock. Du brauchst ihn weniger, als du denkst. Hab einmal den Mut, ihn beiseite zu legen. Das Leben ist Abenteuer, Risiko, ist gefährlich, lebens-gefährlich. Trau dich – wenn du es nicht riskierst, gehst du drauf: vor Traurigkeit, vor Verzweiflung, weil nichts geschieht.

Das Risiko, in einem Abenteuer umzukommen, ist viel geringer, weil der, der dich geschaffen hat, auch weiß, was er dir zumuten kann. Er wird dich nicht in Situationen hineinrennen lassen, die dir wirklich gefährlich werden. Da ist eine übergeordnete Intelligenz, ob du nun mit ihr kommunizierst, ob du nun mit ihr in Verbindung bist oder nicht, sie ist da.

Du kannst »Schutzengel« zu ihr sagen. Die übergeordnete Intelligenz wird dich nie in einer Situation alleine lassen, die größer ist als du.

Begib dich in das Abenteuer deines Lebens!

Tue an jedem Tag etwas anderes und an keinem Tag etwas, was du schon einmal gemacht hast! Du bist zu schade, um zu einem Routinier zu werden. Zu viele Menschen sind zu routiniert, tun immer das gleiche. Und wenn man dann sagt:

»Warum tust du das?«, dann sagen sie: »Na ja, mit irgend etwas muß man doch sein Geld verdienen.«

Damit stempelst du dich selbst zu »nur irgend jemandem« ab, der »ja doch nur irgend etwas« verdient. Denn für »irgend etwas«, womit du »ja dein Geld verdienen mußt«, reicht eben auch nur ein »irgend jemand« aus.

Ob deine Firma durch diesen »irgend jemand«, zu dem du dich selbst ernannt hast, auf Dauer dazugewinnen kann, ist fraglich. Und das niedrige Gehalt, das du dank deiner Einstellung verdienst, im wahrsten Sinne des Wortes, wird kein Argument sein, dir jemals Sicherheit zu geben.

Ein schrecklicher Gedanke für Otto Normalverbraucher! Tue etwas, auch wenn du damit deinen Lebensunterhalt verdienst, nur so lange, bis du es kannst. Dann höre auf, dann tue, was du noch nie getan hast, etwas anderes. Was dir dabei helfen kann? Gehe in die Tiefe, in die Stille. Meditiere regelmäßig. Lerne jenseits deines Verstandes den festen Platz kennen, an dem du deine Heimat findest.

Das kannst du während eines Spaziergangs machen, das kannst du jetzt tun, während du liest: in die Stille gehen, du kannst es auch nennen: in die übergeordnete Sphäre hineingehen. Nenne es, wie du willst, es ist ein Ort der Ruhe und der Kraft, jener besonnte Ort, in dem alles auf ewig bekannt ist. »In die Tiefe gehen« bedeutet, irgendwann an jenem Ort anzukommen, in dem auf jede Frage eine Antwort existent war, noch bevor sie gestellt wurde.

Eine Eselsbrücke: Die Uhrzeit, die jetzt ist, ist auch, ohne daß du die Frage nach der Uhrzeit stellst. Würdest du die Frage nach der Uhrzeit stellen, würde sie dir jemand sagen. Auch ohne Frage ist die Antwort existent.

Lerne anzuerkennen, daß in dieser Tiefe in dir Antworten sind und keine Fragen. In deiner Tiefe hallt der Ruf nach Sein, ruht die Kraft von Nichts zum Ist!

Eine schöne kleine Geschichte soll diese Gedanken verdeutlichen: »Ein kleiner Professor, vom vielen Denken und Nachdenken schon etwas schusselig, wurde auf einen offenen Abend eingeladen. Als er eintraf und an der Garderobe seinen Mantel abgeben wollte, fiel sein Blick auf ein Schild, das ihn aufforderte, seinen Verstand abzugeben. Das gerade Gelesene wunderte ihn weiter nicht, denn er war wieder einmal so in sein geliebtes Denken und Analysieren vertieft, daß er gar nicht wahrnahm, wozu er da aufgefordert wurde. Wie gut, daß er hierfür zwar einen einfachen, dafür aber sehr peniblen und genauen Assistenten hatte, dem *so* etwas einfach nicht entgehen konnte. Dieser Assistent mit Namen *Unterbewußtsein* setzte das Gelesene um und ließ den schusseligen Professor, der ihm in solchen Momenten einfach aus der Hand fraß, reagieren.

Der Professor gab folglich, und wie ganz selbstverständlich, statt seines Mantels seinen Verstand an der Garderobe ab. Die Mädchen an der Garderobe, die nie gelernt hatten, sich zu wundern, führten ihren Job aus, indem sie das Entgegennehmen des Verstandes ebenso selbstverständlich mit einem Nummernzettel quittierten.

Denn schließlich ist es ja ganz nett, wenn man plötzlich und unerwartet gegen Ausrufe wie »Du hast ja deinen Verstand verloren« gefeit ist und mit dem Verstand aus der Reserve brillieren kann. Wen interessiert in solchen Fällen schon die Herkunft!

Der Professor genoß den Abend, wie er noch nie einen Abend genossen hatte. Er wunderte sich nämlich, wie es doch sonst ganz seine Art war, über gar nichts mehr.

Doch das fiel ihm erst auf, als er wieder vor der Garderobe stand und seinen Mantel, den er noch anhatte, abholen wollte. Verwundert nahm er statt dessen seinen Verstand entgegen, welcher wegen der stundenlangen Ignoranz einfach nicht anders konnte: Er kochte vor Wut!

»Liebling, wie war denn der Vortrag?« fragte ihn seine bessere Hälfte, als er, immer noch kopfschüttelnd über die ganzen für ihn jetzt wieder unbegreiflichen Ereignisse zu Hause eintraf.

»Stell dir vor, ich hatte den ganzen Abend meinen Verstand verloren«, murmelte er, »und erst als ich ihn wiederbekam, fiel mir auf, daß weder ich noch irgend jemand anderes ihn vermißt hat...«

Und die Moral von der Geschicht' –
denke ab und zu ganz einfach nicht!

Der Verstand kann dir dorthin nicht folgen. Er wird dort nicht nur zurückgewiesen, er würde auch gar nicht dorthin mitgehen wollen, wo er zurückgewiesen würde. Dort, wo er keine Parameter mehr hat, keine Möglichkeiten zu urteilen, dort, wo er nichts mehr festmachen kann, um dann von dort aus zu beurteilen, was da ist. Dein Intellekt braucht immer Fixwerte, um dann zu sagen: Das, was da ist, weicht von dem Fixwert so und so viel ab in Plus- oder Minusrichtung.

Die Tiefe dagegen ist jener grundlose Ort, der deine Heimat ist. Die Tiefe ist der Ursprung, die Quelle. Sie ist dein erster Schritt auf deinem Weg, der das Ziel ist.

Lebe in der Welt mit deinem Verstand, mit seinen Begrenzungen und Verhaltensmustern! Gebrauche deinen Verstand als *Mittel;* er ist nicht Zweck. Lasse ihn außer acht, wann immer sich die Gelegenheit dazu bietet. Wenn du allein bist, lege ihn beiseite, steig aus und feiere den Augenblick. Dann freue dich, daß du da bist, freue dich am Sein selbst. Dazu brauchst du deinen Verstand nicht.

Bei vielen individuellen Problemen heißt es: Das kann nicht auf der individuellen, sondern nur auf der universellen Schiene gelöst werden. Denn ein Problem, das individuell angegangen wird, kann allenfalls beseitigt werden. Aber dieses Problem war nicht Ursache in sich, sondern hat eine tiefere Ursache, und die existiert weiter.

Wir müssen versuchen, prinzipiell in uns etwas zu entwikkeln, was Lösungen zum Ziel hat. Dann wird auf der individuellen Schiene in Zukunft alles, was an Problemen entsteht, abgedeckt werden können. Suchen wir auf der individuellen Schiene eine Lösung, brauchen wir eben für jedes Problem, das auftaucht, für jeden Tag eine neue Antwort, eine neue Lösung.

Immer wieder müssen wir individuell eingehen auf das Problem, das sich gerade zeigt. Aber es ist nicht eigenständig. Es hat genau wie bei der Krankheit wiederum Ursachen. Und wir haben die Fähigkeit und müssen sie nutzen, um immer wieder zu hinterfragen: Warum? Warum? und noch einmal fragen: Warum?

Der Erfolgreiche fängt da erst an, wo der Erfolglose aufhört.

Also hinterfragen: Warum ist das so? Warum gibt es keinen Zufall? Wir wissen nicht, warum. Aber wir glauben, daß es keinen gibt. Wir glauben, daß die Menschheit, so alt sie ist, sich gerade darüber Gedanken macht. Daß sie wohl berechtigt zu der Meinung gekommen ist, daß es keinen Zufall gibt. Es hat alles Ursachen.

Bis auf eine Sache, die keine Ursache hat, und da hakt es: GOTT. Alles können wir zurückverfolgen, alles hat Ursprung, alles hat Gründe. Und dieser Grund hat wieder einen Grund, und dieser Grund hat wieder einen Grund... und alles mündet in GOTT. Man kann fragen: Wer ist die Ursache von GOTT?

Dann antworten wir vielleicht: Gut, das war ein anderer GOTT, der diesen GOTT verursacht hat.

Und wer hat diesen GOTT verursacht?

Wir kommen an den Punkt, wo wir sagen: Da gibt es ein sich selbst verursachendes Prinzip. Es gibt etwas, was außerhalb der Schöpfung ist.

Alles in der Schöpfung unterliegt dem Prinzip von Ursache und Wirkung, hat eine Existenz, hat irgendwann begonnen und wird irgendwann wieder in eine andere Dimension gehen, in der es nicht zu existieren scheint. Es ist dem Wandel unterworfen. Es hat Anfang und Ende, ist im Kreislauf dem ewigen Wandel unterworfen.

Nur der Schöpfer nicht. Der Schöpfer ist zwar in seiner Schöpfung allgegenwärtig, in allem, in jeder Pflanze, in jedem Tier, in jedem Stein, in jedem Menschen. Und trotzdem ist er das einzige in der Schöpfung nicht Vorhandene, weil er den Gesetzen der Schöpfung nicht unterliegt. Er hat keinen Anfang, er hat kein Ende, er hat keine Ursache. Er ist nicht räumlich und zeitlich begrenzt. Er ist jenseits von Raum und Zeit. Und das können wir uns nur schwer vorstellen.

Wir wissen, daß da etwas dran ist, aber intellektualisieren, rationalisieren, verstehen können wir es nicht.

Da ist also ein Schöpfer, der alles das, was ist, geschaffen hat. Und er gab dem, was er geschaffen hat, auch Raum und Zeit. Und er, dieser Schöpfer, ist in seiner Schöpfung existent. Trotzdem ist er als einziges nicht von einem Ende bedroht. Nicht dem Wandel unterworfen. GOTT wird nicht reicher oder ärmer. GOTT wird nicht klüger. GOTT entwickelt sich nicht, er verändert sich nicht. Er ist der stets Unwandelbare.

Wer soll das verstehen?

Wir glauben zu wissen, daß es so ist. Die Intuition, diese seelisch selbständige Funktion, sagt es uns. Aber verstehen können wir es trotzdem nicht. Wir wissen aber irgendwo, daß es wohl so sein muß.

Alles von uns Erkennbare ist dualistisch, bi-polar. GOTT nicht. Einige sagen, GOTT sei eine Erfindung des Menschen, der ohne ihn Angst vor dem All-Eins-Sein hat. Wir glauben, daß der Teufel eine Erfindung ist, entstanden aus der polaren Sicht des Menschen. Alles Erkennbare hat ein Gegenüber; Gut hat Böse, Licht hat Dunkel, Wärme hat Kälte, Wissen Unwissen als Gegenpol. Wer so denkt, muß auch GOTT einem Gegenpol – dem Teufel – gegenüberstellen.

Dieser Schöpfer ist den Charakteristika, dem ewigen Werden und Vergehen, nicht unterworfen, hat *keine Eigenschaft,* keinen Anfang und somit kein Ende, ist demnach nicht dual, sondern singular. Ist weder gut noch böse, hat keine Entsprechung.

Alles hat einen Sinn. Es gibt eine ordnende Hand, es gibt ein sinngebendes Prinzip jenseits, völlig jenseits jeglicher menschlichen Vorstellung, die beschränkt ist auf Raum und Zeit, auf Anfang und Ende, auf plus und minus, auf warm und kalt, hell und dunkel.

Sich über diese polaren Gesetze hinaus zu entwickeln ist das, wonach der spirituelle Mensch strebt.

Das mag hochgegriffen klingen. Und dennoch liegt darin unsre eigentliche Aufgabe. Bevor wir sie allerdings aus ganzem Herzen bewältigen können, müssen wir erst lernen, wir selbst zu sein.

Mußt du lernen, du selbst zu sein. Was hindert dich noch daran? Die Angst, nicht akzeptiert zu werden?

Emotionen, Gefühle und Ängste sind ein Teil unserer Natur; sie gehören zu uns und komplettieren uns sozusagen. Wer meint, seine Ängste nicht zu brauchen oder sie nicht zu wollen, sollte aufhören, ihnen widerstehen zu wollen. Ängste sind in ihrem wahren Wesen nicht feindlich, sondern natürlicher Bestandteil unserer eigenen Art.

Setze ihnen keinen Widerstand entgegen! Sei durchlässig und kein Resonanzkörper für sie. Wer seine Ängste unterdrückt, entwickelt Streß. Wer sie ausagiert, wie manche »Therapeuten« es empfehlen, verstärkt sie erst recht.

Die Lösung kann nur heißen! Entwickle vertrauensbildende

Maßnahmen! Wenn du im Vertrauen bist, hast du es leichter, auch in schwierigen Situationen ruhig und gelassen zu bleiben. Oder, in buddhistischer Terminologie ausgedrückt: das Sowohl als das Auch als gleichgültig zu empfinden.

Die beste Möglichkeit, deine Angst loszuwerden: Lerne, ihre Irrationalität zu erkennen! Ob Angsthase oder Therapeut: Wer sich in Gefahr begibt, kommt darin um. Wer sich mit Angst beschäftigt, gibt ihr dadurch Raum und Macht. Das Maß der Angst ist gleichbedeutend mit dem Maß der Unbewußtheit. Angst zeigt auf, wie wenig der einzelne von seiner Aufgabe, seiner Natur weiß.

Angst gründet sich auf der Identifikation mit dem Außen, auf der Erkenntnis, daß alles ewiger Wandel ist. Wir wollen Kontinuität, Beständigkeit und fürchten das Neue, Unbekannte. Angst gründet sich auf dem Irrtum der Identifikation mit dem Zeitlichen.

Erst wenn wir uns in dem Undenkbaren, gedanklich nicht Erfaßbaren finden, wird die Leere jenseits allem Denkbaren zur Fülle, die ewigen Frieden und Freude in Freiheit verheißt. Das Nirwana oder die Losgelöstheit vom Ego, werden und vergehen, ist unsere Natur.

Indem wir aufhören, über die Natur nachzudenken, sind wir die Natur, denn sie denkt nicht, sie »IST«.

Die Frage »Was kann ich dagegen tun?« ist typisch für uns Menschen, die wir irgendwo an einer Etappe unseres Wegs stehen. Sei achtsam: Je mehr du überlegst, was du *gegen* etwas tun kannst, desto mehr überlegt sich dieses »Etwas«, was es gegen *dich* tun kann!

Alles ist Ursache und Wirkung; überall wirkt das Gesetz der Resonanz.

Sei niemand, der etwas gegen etwas unternimmt!

Sei immer jemand, der etwas *für* etwas unternimmt!

Sei prinzipiell PRO!

Du kannst Negativem nicht entkommen, indem du es verdrängst, indem du dich umkehrst und wegschaust. Du kannst siegen, indem du Widerstandslosigkeit übst, all dem gegenüber, was du negativ nennst. Irgendwann wirst du dann erkennen, daß dir auch das, was du zuvor positiv genannt hast, in einem anderen Licht erscheint – jetzt, wo das Negative nicht mehr so negativ erscheint. Du lernst, mehr und mehr aus der Polarität herauszutreten. Es gibt nur Interpretationen von Situationen, von Gegebenheiten, von Prozessen.

Wenn du damit aufhörst, entsteht kein Leiden. Das Leiden, das du in dieser Welt empfindest, hast du durch deine Art zu denken, durch dein Urteilen in die Welt hineingebracht. GOTT hat sie gut und sehr gut genannt, als er sie geschaffen hat. Du bist anderer Meinung und beurteilst viele Dinge ganz anders. Du möchtest dem Schöpfer Verbesserungsvorschläge machen. Das ist etwas, was wir vorübergehend sicherlich alle an uns haben, aber damit sollten wir doch möglichst schnell aufhören. Es ist alles in Ordnung. Kosmos heißt Ordnung.

Allerdings sind wir in unserer Begrenztheit nicht in der Lage, diese Ordnung wahrzunehmen.

Dein Weg, unser aller Weg dorthin: den Geist zu richten auf das, was ist. Die Liebe im Herzen das Maß aller Dinge sein zu lassen.

»Und wenn ihr den Glauben hättet, Berge zu versetzen, aber die Liebe nicht hättet, wäret ihr wie ein tönendes Erz oder eine klingende Schelle.«

Was hält uns davon ab? Süchte, Bequemlichkeiten, alte Gewohnheiten! Es ist gar nicht so schwer, die Gedanken zu ändern. Viel schwerer ist es, dies dauerhaft zu tun.

Wir Menschen sind Gewohnheitswesen. Beispielsweise fällt es unserem Unterbewußtsein schwer, vom Alkohol zu lassen. Es hat drei Charaktereigenschaften: Es liebt Unterhaltung, es liebt körperliche Sensationen wie Massage, Sexualität, Streicheln, durch Alkohol verursachte körperliche Empfindungen, und es liebt die Wiederholung. Kurz gesagt: Es liebt Unterhaltung, körperliche Sensationen und die Wiederholung.

Wenn wir also durch Nikotin, Alkohol, Rauschgift, Sex, Faulenzen ein angenehmes Gefühl erleben, dann entspricht es der Charaktereigenschaft des Unterbewußtseins, *das* wiederhaben zu wollen, weil es als gut empfunden wurde. Sollte dieses Mittel – Alkohol, Sonne, Sex, was auch immer – im Grunde schädlich sein, wird das vom Unterbewußtsein nicht zur Kenntnis genommen, es macht ja zunächst ein gutes Gefühl. Wer also dem Unterbewußtsein ein bißchen näherrücken will, wer erkennen will, welche Eigenschaften es hat, der sollte sich diese einfache Eigenart einprägen.

Körperliche Sensation, Unterhaltung und Wiederholung. Unser Unterbewußtsein ist gesellig und kommuniziert gerne. Ganz korrekt betrachtet müssen wir aber sagen: Wir sind süchtig, weil wir sehen wollen. Wir sind Suchende, und es gibt chemische Stoffe, die uns ein Gefühl vermitteln. Dann glauben wir, das Gesuchte zu haben und wollen es wiederholen.

Es ist nicht der »Stoff« selbst. Es ist nur die Macht, die wir über die Illusion diesem Stoff verleihen: Nikotin, Rauschgift oder was auch immer es ist.

Darin liegt die Gefahr dieser Stoffe, nicht weil sie selbst Sucht erzeugen, sondern weil wir diese Situation wiederhaben wollen. Bei allen »sucht«-erzeugenden Stoffen geht es um Gefühle, an welche wir so scheinbar besser herankommen. Wir »berauschen« uns, weil wir jemand sind, der sucht. Denn jemand, der nicht sucht, wird kaum Rauschmittel nehmen. Hier etwas zu ändern und geändert zu halten, wird möglich, wenn diese Zusammenhänge verstanden werden. Etwas dauerhaft geändert zu halten, ist ähnlich wie laufen lernen. Lerne dich »heraus« zu üben! Alles, was wir können, haben wir gelernt.

Gehen lernen ist eine einfache Geschichte – aber nicht für ein kleines Kind. Ein kleines Kind muß das noch mühsam lernen, es fällt immer mal wieder auf die Nase.

Und so können wir auch lernen, unser Bewußtsein dauerhaft geändert zu halten, indem wir immer wieder probieren.

Das kleine Kind ist immer wieder aufgestanden und hat gelernt zu gehen. Und genauso kannst *du* immer wieder neu beginnen, besonders, wenn du um die Gesetzmäßigkeiten des Unterbewußtseins weißt. Süchtig sein heißt, süchtig nach GOTT zu sein. Du findest, was du suchst, in allem. Finden ist abhängig von der Qualität deiner Suche. Suche nicht in der Qualität der körperlichen Welt. Denn was du suchst, ist Erkenntnis, ist der Sinn deiner Existenz.

Lerne dich zu öffnen, ohne dich irgendwelcher Hilfsmittel zu bedienen. Übe dieses Öffnen durch Beten, durch Meditieren. Tue es gleich, während du diese Zeilen liest. Es ist nichts, was du nur in einem Akt der Konzentration tun kannst. Es ist etwas, was sich erst dann richtig vollzieht, wenn du dich nicht darauf konzentrierst. Gestatte der kosmischen Energie einfach, dich zu durchdringen. Öffne dich ihr. Das kannst du in dem Maß, in dem du Vertrauen und Selbstbewußtsein hast. Dann wirst du kommunikativ und offen sein. In dem Maß, in dem du Angst hast, kein Vertrauen, und nicht bewußt bist, machst du zu. Das Hauptproblem ist deine Angst. Durch sie hast du Schutzmechanismen errichtet; hier mußt du ansetzen. Je mehr Angst du hast, um so weniger offen bist du. Dann ist kein Austausch möglich. Die Lösung: Öffne dich!

Natürlich bedeutet das ein Risiko für dich. Du hast dich eingeigelt, *weil* du die Erfahrung gemacht hast, verletzt zu werden, während du offen warst. Du sitzt in deinem selbstgemauerten Gefängnis – aus dem allein du dich befreien kannst. Nichts und niemand kann es dir abnehmen: Du mußt aus dir selbst heraus den Schritt wagen, dich zu öffnen.

Meditiere, indem du hundertmal am Tag die Worte OFFENHEIT sagst, OFFENHEIT, VERTRAUEN, BEWUSSTSEIN.

Versuche in der Zeit, in der du losläßt, nichts zu wollen. Denn je tiefer du loslassen willst, um so weniger wirst du es können.

Genau hier ist wieder die Stelle, wo deine willentliche Energie eine Begrenzung darstellt und kein Förderer ist. Du kannst mit der Entschlossenheit des Ich-will-jetzt-loslassen nicht tatsächlich loslassen. Du solltest deinen Glauben, daß da Widerstand ist, aufgeben. Denn willentliche Energie einsetzen heißt ja, Widerstand anzuerkennen, den du überwinden mußt.

Hör auf zu denken, es könnte schwierig sein! Hör auf zu denken, du könntest auf Widerstand stoßen! Laß einfach los – und du wirst ganz tief in dir sein.

Um deine innere Stimme hören zu können, mußt du still werden. Sie ist eine vornehme, diese innere Stimme, sie ist nicht laut, nicht sehr egozentriert, sie versucht nicht, sich aufzudrängen. Sie ist leise, zurückhaltend und fein. Wenn du ihr durch Offenheit und durch Weichheit entgegenkommst, wirst du sie in Form von Bildern, Gefühlen oder Lauten wahrnehmen können.

Gehe in die Stille und kommuniziere! Sprich zu dieser inneren Stimme, auch wenn sie dir scheinbar nicht antwortet. Sie ist da, nur hörst du sie vielleicht noch nicht. Sprich zu ihr, bis du sie hörst, und dann beginne eine Kommunikation, die nie wieder aufhören sollte. Denn die innere Stimme ist die Stimme deines Höheren Selbst, deines Unterbewußtseins. Sie ist die Stimme GOTTES, sie ist die Stimme der Evolution. Sie ist die Stimme, die Gutes für dich will, die dich Vertrauen lehren kann. Je früher du mit ihr die Partnerschaft beginnst, auf sie eingehst, dich von ihr leiten und führen läßt, um so besser ist es für dich.

STILLE GEDANKEN

Ich habe Mut, klar und deutlich zu sein.
Ich liebe und achte mich, und damit liebe und achte ich andere.
Ich zeige, was ich empfinde.
Lieben heißt Loslassen und Geben.
Ich bin verantwortlich für meine Gedanken und Gefühle. Ich »mache« mich.
Der Gedanke ist der Schöpfer.

7 SCHMUTZ IST MATERIE AM FALSCHEN ORT

»Wie kann ich negativen Menschen begegnen?« werden wir oftmals gefragt. »Was muß ich machen, damit sie mein Selbstwertgefühl nicht angreifen?«

Wir möchten mit einem Fragenkatalog beginnen, der den Ball zurückgibt: Sind sie wirklich negativ? Sind es nicht eher deine Reflektionen, deine Projektionen, die es dir so erscheinen lassen? Sind es nicht einige deiner Perspektiven, die dich behaupten lassen, der andere sei negativ? Gibt es nicht eine ganze Menge, das an dem anderen als nicht-negativ zu bezeichnen wäre? Was bedeutet eigentlich Negativität? Dr. Joseph Murphy hat dazu gesagt: Es ist nicht leicht zu verstehen, wenn du im Kopf zuhörst. Es ist das Gute und Wahre am falschen Ort. Das empfindest du in deiner Subjektivität als negativ, das Gute und Wahre am falschen Ort.

Zum Beispiel Schmutz, so sagt der Physiker, ist Materie am falschen Ort. Ganz sachlich, ganz logisch, ganz objektiviert. Eine Hausfrau, die irgendwo Schmutz findet, ärgert sich darüber, und der Physiker kommt zu diesem Schluß.

Es ist wichtig, solche Gedanken einmal zu denken, um dich dem Punkt zu nähern, der irgendwann fällig wird. Zu erkennen, daß jeder Mensch, du selbst eingeschlossen, das Beste tut, was er kann: in diesem Moment, in Zeit und Raum mit dem Verständnis und dem Wissen und dem Bewußtsein, das er hat.

Wenn du glaubst, das Leben habe dich schlecht behandelt, dann erkenne: Du hast die Erfahrung bekommen, die du verdient zu haben glaubst.

All die Leute, die dir – nach deinem Empfinden – irgendwann im Weg gewesen sind, haben auch nur das getan, was sie mit ihren Perspektiven und Erfahrungen vermochten. Außerdem spiegelten sie nur das, was du glaubtest, verdient zu haben.

Laß all das los und glaube an deinen eigenen Wert! Dann wirst du von anderen geschätzt werden. Menschen werden dich akzeptieren und auf eine leichte und angenehme Art anerkennen. Dein neues Selbstwertgefühl wird von nun an nur noch Positives in dein Leben bringen.

Und vor allem: Vergib dir selbst, du hättest es nicht anders machen können! Vergeben heißt, uns selbst aus dem Gefängnis der Selbstgerechtigkeit zu befreien. Jetzt bist du am Wachsen und Verwandeln, und du wirst die Dinge anders machen. Niemand auf diesem Planeten ist vollkommen. Befreie dich von Zwängen, Kritik und Schuld und laß deinen Geist schweben, so wie er es gerne möchte. Meditiere über die Natur dessen, was da durch dich spricht, durch dich denkt, durch dich handelt. Wer ist es, der da sucht? Ist es das, was sucht?

Wir leben in einem Universum von Ursachen und Wirkung. Es gibt immer eine Wirkung auf eine Ursache. Also meditiere über das, was du bist, Minuten, Stunden, Wochen, Monate, Jahre und jahrzehntelang. Niemand gibt dir hier ein Maß vor, denn es liegt an dir, Erkenntnisse zu sammeln und zu gewinnen über das, was du bist, und das, was du generell erkennst.

Es gibt im Grunde keine Feinde, es sei denn, du interpretierst Situationen, Gegebenheiten oder Menschen so. Wenn du unbedingt Feinde haben willst, weil es in dein Weltbild hineinpaßt, und es ohne plus und minus nicht stabil ist, ohne gut und böse, ohne Feind und Freund, dann verlagere dieses Feindbild nicht nach außen.

Denn wenn du außen deinen Feind erkennst, solltest du wissen, daß es eine Projektion ist.

Deine Feinde sind deine Gedanken. »Die Feinde aus dem

Tempel jagen«, wie es in der Bibel heißt, bedeutet, einen negativen Gedanken erkennen und ihn in Liebe entlassen. Im Außen wirst du immer nur das Ergebnis vom Innen antreffen. Wenn du feindselige Gedanken und mit dir selbst keinen guten Kontakt hast, dann wirst du das nicht erkennen, da in dir diese Feindseligkeit liegt; du wirst sie nach außen projizieren. Dort ist es dir möglich, zu erkennen, wahrzunehmen. Und da du diese Zusammenhänge nicht durchschaust, sagst du ganz naiv und für dich durchaus glaubhaft, dieses und jenes sei feindselig.

Beschäftige dich mit dieser Aussage einige Zeit! So lange, bis du erkennst, ob es ein Trugschluß ist. Außen ist immer nur die Projektion von innen. Außen ist immer nur das zu dir zurückkehrende Innere.

Dr. Joseph Murphy bezeichnete das Außen als Bildschirm des Raumes, als Projektionsfläche. Alles, was du im Außen erkennst, ist Projektion.

Menschen zum Beispiel eignen sich sehr gut dafür, menschliche Eigenschaften auf sie zu projizieren. Genau das tust du ununterbrochen. Du nimmst sehr viele Menschen um dich herum wahr und siehst ihre Eigenschaften. Ich sage dir: Sehr wahrscheinlich sind diese Eigenschaften, die du siehst, gar nicht da. Es sind deine Projektionen, deine Gefühle und Gedanken, Meinungen, die du dort erkennst, weil du sie nicht in dir selbst erkennst. Weil du mit dir nicht den Kontakt hast, weil die Kommunikation mit dir selbst nicht in dieser Sensibilität stattfindet, brauchst du die Projektionsflächen.

Der andere kann dir über dich etwas sagen, indem du zur Kenntnis nimmst, wie er dir erscheint, wie er zu sein scheint. Du bist es, der sich da selbst begegnet.

Genau das ist es jedoch, was viele nicht einsehen wollen. Sie behaupten, sehr wohl objektiv beurteilen zu können, wie der andere ist und wie er nicht ist.

Sprich mit Freunden darüber, und du wirst erleben, daß jeder Mensch von seiner Umwelt anders interpretiert wird!

In einigen Situationen wird er von mehreren gleich beurteilt, aber in anderen sehr unterschiedlich. Ihr werdet selten auf einen gemeinsamen Nenner kommen, wenn zehn Personen einen einzigen beurteilen.

Es sind vielfach Mischungen, die da zustande kommen, wenn nicht reine Projektionen. Sicherlich hat der andere, wenn du dich einem hohen Grad an Objektivität nähern kannst, weil du an dir gearbeitet hast, Situationen, Charaktereigenschaften, die du bei ihm wirklich erkennst. Aber diese hohe Objektivität ist bei den meisten Menschen noch nicht ausgeprägt. Und sie muß in langem, aktivem Training erlernt werden – ähnlich wie die Lehr-Analyse, die den Psychiater alter Schule zur Selbsterkenntnis verhilft.

Deine Feinde, denen du arglos in die Arme gelaufen bist, sind also nichts anderes als Spiegelungen, die in deinem Inneren veranlaßt wurden.

Das wirst du sicher nicht leicht annehmen können, weil es zunächst unangenehm ist. Aber du kannst es leichter annehmen, wenn ich dir sage: Ist ein Mensch freundlich und liebevoll zu dir, dann ist das ein Ergebnis deines Verhaltensmusters. Dann warst du freundlich und liebevoll zu ihm. Was er mit dir tut, entspricht dem, was du mit ihm getan hast.

Wenn du jemanden anlächelst, darfst du mit Recht erwarten, daß dieses Lächeln zu dir zurückkehrt. Und wenn du jemanden »anknurrst«, daß der »zurückknurrt« – aber da willst du einen Unterschied machen. Das Negative, was auf dich zukommt, das kommt vom anderen. Und das Positive, was auf dich zukommt, das soll von dir ausgegangen sein?

Erinnern wir uns: Feinde gibt es nicht im Außen, und du bist auch noch niemals Feinden in die Arme gelaufen. Du bist dir nur selbst begegnet und hast nicht erkannt, daß *du* es warst, der dir da einen Tiefschlag verpaßt hat. Es gibt in der Schöpfung nichts, was sich der Schöpfung entgegenstellt. Feindseligkeiten im Außen sind Situationen, an denen du deine Fähigkeiten ausprobieren kannst, dich selbst zu erkennen. Der nächste Schritt ist, dich anzunehmen, wie du bist, um zu werden, wie du sein möchtest.

Es gibt in der Schöpfung aus einer höheren Sicht der Dinge nicht zwei Energien, Plus und Minus, das Gute und das Böse. Das ist nur eine Perspektive, entstanden aus polarem Denken. Der Schöpfer hat alles, was er geschaffen hat, geschaffen, um die Schöpfung zu protegieren, zu unterstützen, zu fördern. Du hast die Freiheit – im Gegensatz zum Tier –, Situationen so zu interpretieren, daß sie sich scheinbar gegen etwas richten.

Aber es ist nur ein von dir zweckentfremdet eingesetztes, positives Element. Nimm das ganz tief in dir auf! Du mußt es ja nicht auf ewig annehmen, wenn es dir nicht gefällt. Versuche, damit zu handeln, integriere es in dein Denken! Es gibt vielleicht eine Million Situationen, die eine weitere zu fördern vermögen. Von dieser einen Million Situationen gibt es vielleicht hunderttausend, die besonders geeignet sind. Aber es gibt nichts in der ganzen Schöpfung, was zum Fördern ungeeignet ist. Alles dient nur dem Wachsen. Wachsen im Sinne von: von Tag zu Tag höhere Stufen der Erkenntnis zu erreichen.

Deine negativen Gedanken zerstören dein bestes Denkpotential. Höre auf zu urteilen, zu beurteilen, alles auf seine Verwendbarkeit hin zu untersuchen. Du erkennst in dem Maß, in dem du deiner Logik entfliehen kannst, die Gleichgültigkeit von allem.

Ich sage dieses Wort bewußt, damit du lernst, mit einigen Worten eine mehrfache Bedeutung zu erfassen. Gleichgültig hat für dich meistens die Aussage eben von Gleichgültigkeit. Gleichgültig meine ich hier im Sinne von gleichwertig. Es hat den gleichen Wert, ist *gleich gültig* wie alles andere. Unterschiedlich vielleicht einsetzbar zu einem bestimmten Zeitpunkt, aber nicht weniger oder mehr von Wert als andere oder anderes. Wenn du deine Wunschsuggestion in dich hineinlegst, wenn du über sie meditierst, dann sollte das, was du möchtest, durchaus auch vom logischen Denken erstrebenswert sein und erreichbar erscheinen.

Setze deinen Intellekt ein, um zu erkennen, ob das, was du möchtest, menschenmöglich ist oder nicht. Überzeuge dich davon, ob andere das erreicht haben, was du möchtest. Wenn sie es geschafft haben, dann kannst du es wahrscheinlich auch. Du kannst zwar das, was du erreichen möchtest, immer ein wenig höher und weiter stecken als das, was andere bereits in diesem Bereich erreicht haben. Aber: Überspringe nicht zu viele Stufen auf einmal!

Du hast dich durch deine Geburt in die Begrenzung hineinbegeben und kannst durch dein sich expandierendes Bewußtsein jede Form von Einengung auch langsam wieder aufheben.

Du kannst lernen, den Einfluß eines anderen, den du negativ nennst, zu kompensieren, nicht wahrzunehmen, nicht an dich heranzulassen, indem du einfach sagst: Ich bin vielfältigen Einflüssen ausgesetzt, von morgens bis abends, sogar wenn ich schlafe. Ich entscheide mich für das Glück, für das Positive, für das Konstruktive, für die Liebe.

Deine liebevollen Gedanken schaffen eine liebevolle Welt. Entscheide dich, nicht mehr länger deine Zeit zu verplempern!

Setze deine Zeit statt für die Suche nach Feinden besser dafür ein zu erkennen: Mein Herz hat soviel Liebe zu geben. Meine Liebe ist mächtig und heilt meine Mitmenschen und meine Welt.

Entscheide dich für das Lebensbejahende! Dann erübrigt sich

die Frage, wie du dich vor der Negativität anderer schützen kannst.

Versuche lieber, das Positive im anderen auf dich zu beziehen. Du siehst das Haar in der Suppe, weil du Angst hast, dich daran zu verschlucken. Du siehst die andere Seite. Betrachte lieber die Seite, die dir hilft! Es gibt niemanden, der nur negativen Einfluß hat. Alles, wenn du polar denkst, hat Positiv und Negativ. Wenn du das Negative siehst, bist du es, der hier einseitig ist – nicht der andere. Erkenne dich selbst in dieser Frage! Du bist derjenige, welcher...

Statt dich über die Feindseligkeit anderer zu ärgern, solltest du in der gleichen Zeit deine Liebenswürdigkeit entwickeln. Deine Liebe ist ein verzehrendes Feuer, das alles ihr nicht Gemäße auflöst!

Was immer wir tun, es erwächst uns aus diesem Tun Erkenntnis. Solange wir »tun«, sind wir frei zu wählen. Sobald jedoch durch den Versuch von Nicht-Tun vom Pfad der Erkenntnis abgewichen werden soll, erleben wir bei dieser Variante das »Erkennen«, das unausweichliches Ziel ist.

Du begegnest jeden Tag Menschen, die ständig nein sagen. Sieh sie dir an: Sie sind hart und relativ verbissen. Sie haben wenig Freude und als Folge dessen auch wenig Freunde.

Nein-Sager scheinen zur Zeit in der Mehrzahl zu sein. Sie stehen in Konkurrenz zu denen, die ja sagen, und haben deshalb den Typ des Ja-Sagers negativ besetzt.

Ja-Sager sind noch die schweigende Mehrheit. Es gilt heute zu erkennen: Der Klügere gibt so lange nach, bis er der Dumme ist.

Ich bin, wenn irgend möglich, jemand, der ja sagt. Selbst wenn ich merke, manchmal ausgenutzt zu werden, bleibe ich beim Ja.

Ja ist die Hand reichen. Ja ist der Weg, über das Du zum Wir zu gelangen. Im Ja-sagen zu uns, zum Du, zu der Welt liegt jene Konstruktivität, jene Protektion, die auch als die »guten Kräfte des Kosmos« bezeichnet wird.

Der Sinn des Seins, so wie wir glauben ihn erkannt zu haben, ist, durch Erkenntnis zu wachsen. Ist die Evolution, ist die Selektion des Guten zum Besseren. Da ist etwas Gutes, und aus diesem Guten wird sich Besseres entwickeln.

Das ist unsere Definition eines Vorganges, den wir Wandel, den wir Transformation oder Wachsen nennen. Und wir sollten auch zufrieden sein damit, bis wir irgendwann weiter erkennen, daß es wiederum nur eine typische wertende Sicht der Dinge ist.

Das, was dieses Universum geschaffen hat, hat das, was gestern war, akzeptiert, angenommen und es gutgeheißen. Und das, was heute ist, glauben wir, müsse, weil es aus dem Guten entstanden ist, besser sein. Aber das, was dieses Universum geschaffen hat, bewertet das, was heute ist, nicht anders als das, was gestern war.

Es nimmt zur Kenntnis, was ist, ohne zu richten. Das ist nur unsere polare Sicht, unser kindlicher Versuch zu beurteilen, zu urteilen, zu richten. Wir glauben einen Prozeß erkannt zu haben, der fortschreitend ist, der letztlich zu etwas führt, was besser ist. Das ist aber nur aus einer minderwertigen Position heraus betrachtet und somit objektiv gesehen gar nicht nötig. Nur wer sich als minderwertig empfindet, wünscht den Wandel des Guten zum Besseren. Der Schöpfer wird einen Stein als gleichgültig betrachten, so wie eine Pflanze, ein Tier oder einen Menschen.

Wir wissen heute aus der Physik, daß aus Materie Energie gemacht werden kann, und man ist in der Lage, aus Energie Materie zu schaffen. Physikalische Vorgänge, die durchschaut und erkannt sind.

Materie ist eine niedrige Form von Energie, und Energie ist

eine hohe Form von Materie. Verschiedene Schwingungszustände, verschiedene Aggregatzustände, nicht mehr. Materie ist nicht wertvoller als Energie und Energie nicht wertvoller als Materie. Beides ist zu einer bestimmten Zeit an einem bestimmten Ort das Richtige. Und beides ist zu der falschen Zeit am falschen Ort nicht das ganz Richtige.

Nein sagen ist gegen den Strom schwimmen. Nein-Sager erfanden das Gleichnis vom »Nur wer gegen den Strom schwimmt, kommt zur Quelle«.

Wir als Ja-Sager sagen ja zum Strom des Lebens. Unser Ursprung, die Quelle, führt uns durch den Strom des Lebens. Über unser Vertrauen, auf dem richtigen Weg zu sein, wie es den Naturgesetzen und Geistigen Gesetzen entspricht, wissen wir um das Ziel, den Ozean, von wo wir aufsteigen und im Einklang und im natürlichen Zyklus unseren Weg finden.

Wer gegen den Strom schwimmt, will sich nicht dem Strömen und dem ewigen Wandel überantworten. Wer gegen den Strom schwimmt, hat Angst vor dem Abenteuer Leben. Deshalb sagt er nein. Er fürchtet das, was kommt, und möchte lieber noch mal dem, was war, auf dem Weg zurück, begegnen.

Der Nein-Sager will zurück, sich nicht wandeln, er ist hart, und das spürst du, wenn du ihm begegnest. Du spürst, er hat Angst.

Wenn dir jemand begegnet, der offensichtlich ein Nein-Sager ist, hab Verständnis mit ihm. Er hat Angst, er traut sich nicht, ja zu sagen. Er gehört der alten Garde an, er ist eine im Aussterben begriffene Spezies. Hab ein bißchen Mitleid mit ihm, er hat keine Zukunft. Sieh ihn dir genau an, später wird es ihn nur noch in Geschichtsbüchern geben. In der Erinnerung lebt dann allenfalls noch die Sage von einem »Homo negativus«, damals in jener Vorzeit. Du sagst ja zu deinem Leben, zu Gott und der Welt.

Ein erkenntnisschaffender Prozeß!

Wir haben außerordentlich viel Freiheit bekommen, aber es gibt Bereiche, in denen diese Freiheit zu Ende ist. Wir haben eine außerordentlich große Palette an Möglichkeiten, welche Wege wir gehen können. Wir können nur eines nicht: keinen Weg gehen. Denn der, der sich entscheidet, wie ein störrischer Esel keinen Weg zu gehen, der geht den Weg desjenigen, der keinen Weg geht.

Wir haben viele Möglichkeiten, aber nicht die Möglichkeit, nein zu sagen zu dem, was sich der gedacht hat, der alles geschaffen hat. Dazu können wir nicht nein sagen. Er hat uns Millionen Möglichkeiten geboten, dem zu entsprechen, was er sich gedacht hat. Aber er hat uns nicht die Freiheit gelassen, dem nicht zu entsprechen. Wir haben die Wahl der Wege, aber du kannst nicht nein sagen, mache dir das bewußt! Und wenn du das wirklich weißt, dann hörst du auch auf, nein zu sagen. Und die meisten Menschen sind Nein-Sager und erleben, leiden aus diesem Nein. Erkenne, daß ein Nein nicht akzeptiert wird. Das ganze Universum ist eine Affirmation, eine Bejahung, und du hast nicht das Recht, nein zu sagen.

Früher, als es in Indien noch dichten Dschungel und wilde Tiger gab, lebte dort eine Sekte, die ihre Reifeprüfung folgendermaßen absolvierte:

Diese Sekte sagt, Gott ist in allem, und wenn du Gott in allem erkennst, kann dir nichts anderes begegnen als Gott. Im Tiger ist Gott. Es ist auch etwas anderes da, aber es ist dominant Gott in dieser Verkleidung. Wenn du das wirklich weißt und darauf vertraust, kannst du in den Dschungel gehen und einem Tiger begegnen, und er wird dir nichts tun. Das war allen klar, und wer es vom Kopf in das Herz transformieren konnte, wer es umsetzen konnte, war dann irgendwann soweit, in den Dschungel zu gehen. Und die, die zurückkamen, hatten die Prüfung bestanden. Eine herrliche Selektion hat da natürlich stattgefunden. Die, die zurückkamen, waren immer nur Gläubige, und die anderen, die noch Zweifel hatten, die wurden gefressen. Ich bin sicher, daß es kein Zufall war, ob der Tiger gerade hungrig war oder nicht! Es ist wirklich eine Frage des Vertrauens, ob du angegriffen wirst. Das, was angriffsbereit ist, sucht immer nach Opfern, die vor diesem Angriff Angst haben.

Der Dschungel ist immer da, der Tiger ist immer da, und er hat seiner Natur gemäß auch oft Hunger. Tiger, Dschungel, Gefahr sind stellvertretend für dein Unterbewußtsein. In dir ist etwas; wenn du es fürchtest, wirst du darin umkommen.

In dir ist etwas, wenn du ihm vertraust, wird dir nach deinem Glauben geschehen. Du wirst wachsen, stark sein und ruhig. Das Himmelreich (die Hölle) ist in euch! Jedem ist selbst überlassen zu entscheiden, was er glaubt. Suchst du mit deiner Logik, wird sie dir sagen: Es ist beides da, logisch. Bist du meditativ verinnerlicht, erkennst du, daß das da ist, von dem du glaubst, daß es da ist.

Logisch für den, der glaubt; unlogisch für den, der nicht glaubt. Das, wessen du dir bewußt bist, nimmt im gleichen Moment für dich Realität an. Der Tiger ist, was du in ihm siehst. Lege deine beiden Handflächen aneinander und sage: *Namasté.* Das heißt: Ich begrüße jenen Ort in dir, an dem Gott wohnt, und wenn Gott auch in mir wohnt, dann sind wir beide eins, *Namasté.*

Was immer du glaubst, du hast auf jeden Fall recht!

Sind die positiven Kräfte des Universums Gott?

Eine österreichische Popgruppe singt: »Das Böse ist immer und überall.« Wir behaupten das Gegenteil. Das Gute ist überall.

Das Gute ist überall. Es gibt das Böse nicht. Das Böse ist im Grunde nur ein Schatten der *Realität,* die ich das Gute nenne. Es gibt nur das Positive, und das mag jetzt nicht ganz leicht zu verstehen sein: Das Böse ist das Positive, das Gute zur falschen

Zeit, am falschen Ort. Es hat im Grunde keine eigene Existenz. Durch unsere Art zu denken haben wir das Negative erst in diese Welt hineingebracht. Den Teufel sozusagen an die Wand gemalt. Indem wir von ihm sprechen, haben wir ihn geschaffen. Er ist der Gegenpol zu Gott und für alle nur polar Denkenden notwendig zum logischen Verständnis.

Das widerspricht aber jetzt gewissen christlichen Lehren, vor allem katholischen Lehren, für die es sehr wohl das Böse von Anbeginn gegeben hat.

Ich spreche mit Theologen, und ich habe in kirchlichen Kreisen Vorträge gehalten und halte sie weiter. Es sind konstruktive Gespräche, in denen sich Altes und Neues nur im Ansatz, in der Perspektive als unterschiedlich erweist. Nur polares Denken braucht den Gegenpol, und aus der Einsicht heraus löst sich beides auf. Was übrigbleibt, ist, wie es ist, und wird zurückgegeben zum Auge des Betrachters.

In weiten Kreisen der Positivdenker herrscht die Meinung vor: »Es gibt nur einen Geist, nur ein Gesetz, und ich bin eins mit all dem.«

In unseren Augen gibt es außer Gott nichts, nur das Aufbauende, Fördernde, Bejahende.

Aber es gibt sehr wohl die Möglichkeit von uns Menschen, einiges nicht so zu sehen, nicht als konstruktiv, als aufbauend. Es gibt für uns die Möglichkeit, etwas destruktiv darzustellen und somit, nach unserer Meinung, subjektiv wahrzunehmen. Dann ist es manchmal so in unserem polaren Denken, daß einiges als sehr ungut erscheint. Wer in der Lage ist, durch Meditation oder im Gebet in die Zeitlosigkeit zu gehen, dort wo Vergangenheit, Gegenwart und Zukunft zu einem Großen verschmelzen, dem kann es passieren, daß er weder Gutes noch Böses findet!

Es gibt nur etwas, das so ist, wie es ist. Wir müssen lernen, es so wahrzunehmen, *wie* es ist. Das Wahr-Genommene beginnt erst dann Eigenschaften anzunehmen, wenn wir ihm einen Namen geben. In Ein-Sicht Erkanntes ist Gott in Verkleidung. Wer das für sich akzeptiert, verläßt, zumindest solange er es akzeptiert, die Bühne von Plus und Minus. Erst jetzt ist für den Beobachter kein Grund mehr vorhanden zu beurteilen, in Gut und Böse einzuteilen, erst dann hören wir auf zu richten.

Dieses ist gut, oder jenes ist nicht gut: Das ist polares Denken. Und wer da herauswill, wird nicht mehr irgendwelche Situationen beurteilen, wird seine geistige Kapazität darauf verwenden wahrzunehmen, was ist. Wenn er etwas nicht erkennt, wird er sich nach dem Sinn fragen, es aber auf keinen Fall als unnütz oder schädlich abtun.

Nimm einmal das Gesetz der Resonanz, wenn du den sogenannten »Zeitgeist« erspürst. Das ist die Idee, deren Zeit gekommen ist. Sprichst du beispielsweise in der Öffentlichkeit mit Kraft und innerer Überzeugung darüber, dann werden dir viele Menschen zuhören, dich verstehen und mit dir sein.

Du bist mit dem Zeitgeist konform, die Aussage deiner Rede ist ein wichtiges Stück Gegenwart, das im Werden begriffen ist. Jeder Zuhörer ist Träger eines Quentchens dieses Geistes, dessen Zeit gekommen ist.

Viele deiner Zuhörer werden dir recht geben bzw. dem, was du vertrittst. Sie werden in Geist und Tat das, was durch dich als Geist und Vision in Erscheinung tritt, mittragen. Das, was du artikulierst, entspricht dem, was andere empfinden; deine Aussage ist in Resonanz zu einer (Viel-)Mehr-Heit und empfängt über die Vielheit Verstärkung.

Unsere Aussagen: Wer positiv denkt und handelt, wer folgerichtig, aufbauend, bejahend, konstruktiv denkt, ist in Resonanz mit jenem Allgeist und empfängt über ihn Verstärkung. Wir behaupten, im Kosmos existiert ein Trend, der, sachlich ausgedrückt, Folgerichtigkeit ausdrückt.

Es ist ähnlich wie ein Baukastenprinzip, wo das eine auf das andere aufbaut, ein riesiges Puzzle, in welchem jedes Teil seinen Platz hat.

Jedes, alles bedingt das andere und ist somit gleichwertig.

Wer solchermaßen sich selbst und seine Aufgabe als ein berechtigtes Teil dieses gewaltigen Ganzen empfindet, wer sich seiner kosmischen Richtigkeit bewußt ist, erfährt über dieses Bewußtsein seine wahre Natur und erkennt in ihr das ewige Leben.

STILLE GEDANKEN

Eine Hilfe, die dich dabei unterstützt, das Gelesene in deinen Alltag umzusetzen. Wiederhole – so oft wie möglich – laut oder leise: »Mein Leben ist von Liebe erfüllt. Ich verzeihe liebevoll mir und allen alles. Ich übernehme die Verantwortung für mein Leben. Ich wähle Freiheit, Freude und Liebe. Ich bin dankbar für mein Leben. Liebe umgibt mich und beschützt mich. Danke, Vater, daß es so ist.«

8 POSITIVES DENKEN LÄSST DICH GOTT NAH SEIN

Positives Denken führt in eine Traumwelt, sagen die, die sich nicht ändern wollen. Wir wissen dagegen, daß der Darwinismus, wo ein Stärkerer sich angeblich immer auf Kosten eines Schwächeren durchsetzen will, längst ausgedient hat.

Diese Haltung ist ein Verhaltensmuster aus der Urzeit, das wir alle in uns haben: den Knochen, das Stück Fleisch dem Schwächeren, der sich nicht wehren kann, wegnehmen.

Aber es ist ein altes Verhaltensmuster, das den Schwachen eliminierte und dem Starken geholfen hat zu überleben. Wir stehen jetzt an der berühmten Schwelle zum Wassermannzeitalter, das 2000 Jahre lang währen soll. Da gilt es ganz intensiv, dringlich und schnell, solche Verhaltensmuster zu durchschauen, damit sie aufgelöst werden können. Den anderen als Konkurrenten zu empfinden, bedeutet Gebundenheit. Leo Buscaglia sagt dazu: »Es gilt, dem Schwächeren zu helfen, seine Interessen wahrzunehmen, ein Anwalt der Schwächeren zu sein. Ihm nicht seine Lebensexistenz zu entziehen, nur weil du schneller, klüger und stärker bist, das ist Vergangenheit, ist Urzeit. Dieses Verhaltensmuster wird noch Jahrhunderte zu finden sein, auf diesem Planeten, aber das neue Verhaltensmuster, das im New Age-Gedanken, dem Neu-Geist-Gedanken vorhanden ist, dem Schwachen in der geeigneten Form zu helfen, hat bereits begonnen. Diese Paradigmenwechsel sind Vorgänge, die Jahrtausende benötigen, wenn wir den ganzen Planeten Erde betrachten. Wie sie für dich Zeit beanspruchen, wie sie für dich umsetzbar sind, diese Erkenntnisse, entscheidest du selbst, wie schnell du bereit bist, umzuschalten von ausnutzen zu fördern, liegt an dir. Es ist die Frage, wie weit die Liebe des Schöpfers Einlaß findet und weder den anderen noch das andere benutzt, statt es zu fördern.«*

Womit du auch immer handelst, spielt keine Rolle, ob Versicherungen, Waren oder Dienstleistungen. Im anderen weniger den Konkurrenten, dafür aber mehr den Partner zu sehen, ist einer jener Paradigmenwechsel, von denen so oft gesprochen wird. Deine Kraft im Sinne des Ganzen einzusetzen und dein Gegenüber als einen Teil dieses Ganzen zu erkennen und ihn nicht mehr austricksen zu wollen, ist der neue und wohl einzige Weg, die vor uns liegenden globalen Aufgaben zu bewältigen. Mehr Miteinander und weniger Gegeneinander hilft, unnötige Reibungsverluste zu vermeiden.

Wenn du partnerschaftlich handelst, bist du ein Förderer; dann förderst du die Interessen des anderen und somit des Ganzen. Dr. Joseph Murphy sagte sehr deutlich: Es gibt keine bessere Möglichkeit, gefördert zu werden, als selbst Förderer zu sein: »Be a lifter.«

Wenn du andere unterstützt, hilfst du dir selbst.

Dann erwacht der neue Mensch in dir. Das Ergebnis: Du findest Ruhe und Frieden in dir.

Wichtig ist, daß du von heute an diese Gedanken so bewußt wie nur möglich in dein Handeln integrierst. Das ist nicht immer ganz einfach. Aber du weißt: Du bist Ausdruck göttlicher Absicht. Es gibt eine beschützende Macht, es gibt eine übergeordnete kreative Intelligenz, zu der ich sehr schnell wieder Gott sagen lernte, weil mir jemand eine Eselsbrücke gebaut hat, indem er sagte: »Schau, Gott kommt aus der gotischen Sprache und bedeutet gut.«

* Vgl. dazu Leo Buscaglia: Liebe das Leben – das Leben liebt dich! Goldmann Verlag

Das »Gut« konnte ich akzeptieren.

Also da gibt es etwas Gutes, das dich beschützt und das dich geschaffen hat, um durch dich etwas zu bewirken.

Ich konnte das zwar rational nicht umsetzen, aber in meinem Herzen erkannte ich es. Ich wußte es nicht nur von mir, sondern ich wußte es von jedem. Es gibt etwas, das über unsere Individualität Ausdruck finden will.

Auf mich bezogen, war hier die entscheidende Weiche gestellt. Ich hörte auf zu zweifeln. An dem Tag, an dem ich aufhörte zu zweifeln, hatte ich noch sehr viele Botschaften unterwegs, die natürlich zu mir zurückwollten; Botschaften des Mißtrauens, des Zweifelns, der Angst zu versagen.

Ich mußte natürlich etwas tun, damit möglichst bald diese Zweifel, die ich ausgesandt hatte und die zu mir zurückkehren wollten, aufhörten; denn ich erkannte gleichermaßen, daß alles, was auf mich zukommt, von mir Ausgegangenes ist – zu mir Zurückkehrendes ist, immer und ohne Ausnahme. Ich setze Ursachen und erlebe die Wirkung. Manchmal erkenne ich nicht, daß das, was auf mich zukommt, das von mir Ausgesandte ist, weil es sich verändert hat, weil es einer Wandlung unterzogen war. Es ist die im Grunde gleiche Münze, mit der zurückgezahlt wird, mindestens derselbe Wert, der zurückkommt, mag er auch manchmal anders aussehen. Ich erkannte also auch hier das Gesetz der Resonanz.

Ich setzte fortan Ursachen des Vertrauens, des Glaubens, und ich habe dann denjenigen, die immer noch an mir zweifelten, weil das natürlich immer noch eine gewisse Zeit nachhängt, gesagt: »Schau, mein Leben hat sich verändert, indem ich mich mit der Philosophie des Positiven Denkens, mit der Metaphysik, mit Esoterik beschäftige. Ich habe erkannt, daß mein Geist und die Inhalte meines Geistes Ereignisse verursachen in meiner Gegenwart und Zukunft. Ich setze jetzt positive Ursachen, ich beginne jetzt an mich zu glauben, mir zu vertrauen. Sei du so lieb und hör bitte auf, an mir zu zweifeln oder deine Zweifel auf mich zu projizieren.

Die Menschen in meiner Umgebung, die die Veränderung wahrnahmen, bat ich im Vertrauen: »Bitte hör auf damit, an mir zu zweifeln! Das kann ich jetzt gerade nicht brauchen.«

Die meisten haben das akzeptiert und verstanden. Und die anderen? Denen gegenüber bin ich – gesegnet mit einem ausgeprägten Temperament – so deutlich geworden, daß sie künftig meine Nähe lieber gemieden haben.

»Heimat ist nicht nur, woher du kommst, sondern auch, wohin du gehst.«

Es heißt richtig: Wir sind das, was wir denken.

Entwickeln wir uns aber weiter, sind wir das, was wir glauben. Hier liegt der entscheidende Punkt: Du wirst im Leben nur erreichen, was du *glaubst* erreichen zu können. Selbst die großartigsten Suggestionstechniken, selbst der beste Hypnosetherapeut können dir nicht helfen, wenn du zweifelst. Hier liegt also der wichtigste Ansatz für die Arbeit an dir selbst.

Es ist eine fruchtbringende Arbeit, die jeder tun kann, und jeder wird zu Ergebnissen kommen. Nach welchen Kriterien wird das Glück verteilt?

Es gibt Menschen, die erfolgreich sind, es gibt viele, die erfolglos sind. Es gibt viele, die überwiegend gesund sind, viele, die dominant krank sind. Es gibt welche, die haben, und es gibt viele, die nicht haben. Ist das alles Zufall, wird da gewürfelt? Oder gibt es Gesetzmäßigkeiten, die das alles zur Folge haben?

Diese Frage sollten wir uns immer wieder stellen. Wir dürfen nicht aufhören, die Frage zu stellen, bis wir befriedigende Antworten finden. Dann erst werden wir Meister unseres Glücks, dann erst können wir eingreifen in das Geschehen. Dann erst können wir gezielte Ursachen setzen und das ernten, was wir wollen: einen neuen Himmel und eine neue Erde!

Der Schöpfer hat uns in unserer Entwicklung durch die Evolution mit der Menschwerdung die Fähigkeit gegeben, vorauszuschauen. Wir haben Kunde von dem, was sein wird, und können entsprechend unseren Kurs bestimmen.

Ein Medium beispielsweise tut nichts anderes. Beim Medium akzeptieren wir aber, daß so etwas möglich ist: aus der Zukunft eine Information in die Gegenwart zu bringen. Wir selbst können es genauso. Das Medium, das sieht, daß schwarze Wolken sich über unserem Haupt zusammenballen, tut in der Regel etwas völlig Unbewußtes. Es schaut in uns hinein, in unser Unterbewußtsein, und erkennt die Ursachen in uns und die sich daraus entwickelnde Wirklichkeit: Ursachen werden zu Wirkungen. Und es wird uns nun sagen: Ich sehe das und das. Die meisten Medien beschäftigen sich gar nicht so intensiv mit der Wissenschaft des Geistes, sondern sie sehen einfach, was sich entwickelt. Vielleicht sagt es uns etwas wenig Wünschenswertes voraus, und wir gehen betrübt nach Hause.

Sind wir aber schon längere Zeit Schüler an der Universität des Lebens, sagen wir: Das muß nicht so kommen, ich kann ja heute noch neue Ursachen setzen. Ich kann heute noch meinen Geist mit lebensspendenden Gedankenmustern anfüllen, und daraus wird sich eine neue Realität ergeben.

Wir gehen nach Hause und füllen unseren Geist an mit lebensspendenden Gedankenmustern. Nach einigen Tagen suchen wir nochmals das Medium auf, und es wird nun etwas völlig anderes sagen. Wir wissen, daß aufgrund unserer veränderten Einstellung natürlich eine andere Zukunft, eine neue Realität entstehen muß. Deine Einstellung schafft Wirklichkeit.

Wenn wir das erkannt haben, werden wir von nun an positive Gedanken in uns haben, lebensspendende Gedankenmuster, die Leben zur Folge haben und nicht destruktiv, nicht zerstörerisch sind.

Wenn ich erkannt habe, daß ich Schöpfer bin, wenn ich die Verantwortung für mich selbst übernommen habe, dann liegt eine unbegrenzte Bandbreite vor mir, innerhalb derer ich aktiv sein kann. Wir sind grenzenlos in unseren Möglichkeiten!

In meinem Leben hat Dr. Joseph Murphy diese Wandlung und Erkenntnis bewirkt. Ich war in den roten Zahlen – in meinem Beruf, meinen Beziehungen, vor allem aber in der Beziehung zu mir selbst. Er half mir zu begreifen, daß mein Leben ein Ergebnis dessen war, was ich durch mein Denken, durch meine Einstellung geschaffen hatte. Ich erkannte Ursache und Wirkung. Und ich erkannte die Ursache der Wirkung, die ich so ungeheuer deprimierend empfand; meine Destruktivität, meine Negativität, meine Zweifel. Ich zweifelte an Gott, an der Welt und an mir. Es gab nichts, woran ich nicht zweifelte. Natürlich mußten zweifelhafte Situationen die Folge sein. Es ist ja nicht anders möglich, und das verstand ich auf einmal.

Dr. Murphy sagt: »Alles ist ein Spiel, höre auf zu zweifeln, fange an zu glauben. Probiere einmal dieses Spiel!

Das Spiel des Zweiflers kennst du, das hast du geschaffen. Was jetzt ist, ist alles aus deinem Zweifel entstanden, aus deiner Befürchtung, aus deiner Angst. Jetzt vertraue doch einfach einmal, jetzt glaube doch einfach einmal, daß es auch eine andere Seite der Medaille gibt. Deine Logik sagt, alles hat zwei Seiten. Die eine, negativ, hast du gelebt. Du bist sehr erfolgreich gewesen in der Erfolglosigkeit. Jetzt sei doch einmal erfolgreich im positiven Sinne oder erfolglos in der Erfolglosigkeit!«

Und das erschien mir alles sehr logisch, einfach und machbar. Deshalb begann ich, da Zweifel und Angst da waren, mit vertrauensbildenden Maßnahmen.

Das war ein Prozeß, der bei mir sehr schnell vonstatten ging, weil ich sehr schnell verstanden hatte, worum es ging. Es war wie ein Geistesblitz. Ich habe erkannt: Ja, das ist es! Meine

Zweifel, meine Negativität, meine Angst, in mich hineingelegt durch Erziehung und Gesellschaft, habe ich liebevoll an der Garderobe abgegeben.

Ich habe einige Wochen und Monate gebraucht, um eine sichtbare Änderung zu bewirken. Aber damit ist es dann nicht genug, denn es geht ja weiter und weiter und weiter – ein Leben lang.

Ich habe heute auch noch Ängste und Zweifel, aber in der Relation zu früher haben sie keinen Stellenwert mehr. Heute suche und gehe ich den Weg des Vertrauens. Meine Zeit vor dem 33. Lebensjahr kann ich nicht ändern, aber meine Gegenwart gehört mir, um die Erfahrungen zu machen, die ich gewählt habe. Mein »Heute« ist erfüllt mit Ruhe, Gelassenheit, Freude und Glück.

Ich habe Dr. Joseph Murphy in Los Angeles kennengelernt. Dort lebte er in einer Enklave. Typisch Amerika, extrem wie oft, Häuser von sehr gut situierten Menschen, die nur in diese Enklave einziehen dürfen, wenn sie nachweisen können, daß sie ohne Verdienst leben können, also kaum arm werden.

Dr. Joseph Murphy war ein friedlicher Mensch, der gerne lachte, der abends gerne Whisky trank, aber deshalb nicht betrunken wurde. Der dicke Zigarren rauchte und das Whiskyglas erhob und sagte: »We love all kinds of spirit« – aber er war deswegen nicht abhängig.

Er lebte total. Ich habe ihn in Europa später in die besten Lokale geführt und mich gefreut, ihn verwöhnen zu können. Aber er hat meistens nur Wasser getrunken und ein trockenes Brötchen gegessen. Die besten Speisen ließ er unberührt, er hat sich sehr gesund ernährt. Er hat sich nicht der Völlerei hingegeben, er war sehr vital und schlank. Im Alter von 87 Jahren habe ich ihn zum letzten Mal erlebt. Er war wach, und es war sehr schön, mit ihm zusammenzusein. Er war ein Mensch, der das Lachen liebte, war niemals dogmatisch oder autoritär. Er war sehr offen und tolerierte den anderen, und es war leicht, mit ihm auszukommen. Er hatte eigentlich nie Probleme, er stellte keine Bedingungen. Was auch immer ich arrangierte, er machte mit und stimmte zu: »Okay, mach das!« Er sagte nie, was ich tun sollte; er meinte nur: »Mach du das, wie du es für richtig hältst, es ist o.k.«

Lerne Vertrauen, denn dahin geht die Reise. Wie genau die Route ist, ist mir unwichtig. Ich habe aufgehört, hier bestimmend, dirigistisch eingreifen zu wollen.

Ich lasse los, lasse geschehen, alles ist zum Besten geregelt. Ich lasse mich tragen und freue mich auf das, was kommt. Und ich erkenne in allem, was kommt, die liebende Hand eines Schöpfers, der mich geschaffen hat. Ich hadere schon lange nicht mehr mit dem, was kommt, weil ich nachträglich immer erkannt habe, es war gut, so, wie es gekommen ist. Nur wenn ich selbst zu sehr versucht habe, dann war das Gute manchmal schwer zu finden.

Du solltest dich davon überzeugen, daß du es wert bist, geliebt zu werden, daß du es wert bist, reich beschenkt zu werden. Daß unendlich viel Gutes von dir ausgeht. Daß es absolut normal ist, daß Gutes zu dir zurückkehrt. Das kann gar nicht anders sein, das ist ein Gesetz, das niemand aufheben kann. Du solltest davon überzeugt sein, daß Reichtum, Gesundheit und Harmonie ein ganz natürlicher, gottgewollter Zustand sind.

Du solltest dir durch die Arbeit, die du an dir selbst tust und die Bewußtwerdung zum Ziel hat, darüber bewußt sein: Du bist das Hochwertigste, was in der Schöpfung existiert. Du bist die Krone der Schöpfung. Reichtum, Vielfalt, Vollkommenheit und Schönheit der Schöpfung können sich durch dich vollziehen, wenn du es gestattest.

Bewußtsein heißt, die geistige Entsprechung in dir zu haben. Bewußtsein heißt: Du kannst dich geistig reich fühlen. Du solltest das Gefühl haben, daß du geistreich, daß du ein ehrenwertes Glied auf dieser Evolutionsstufe bist, daß du das geistige Äquivalent hast. Du solltest dich mit dem, was du auf der materiellen Ebene oder in diesem Leben willst, ebenbürtig fühlen.

Es soll ganz selbstverständlich sein, daß du, wenn du in dein Portemonnaie hineinschaust, immer mehr darin findest, als du ausgeben kannst. Und wenn du diese Klippe genommen hast, daß es möglich ist, dann ist es so.

Und wenn du sagst: Das ist doch Unsinn, ich kann mit Leichtigkeit immer mehr ausgeben, als ich habe, dann ist es so. Dann wirst du immer weniger haben, als du brauchst.

Das ist die Hürde, die so reizvoll ist, mit der wir so lange kokettieren, indem wir sagen: Das ist paradox.

Nur *das, was du in dir* an Werten erkannt hast, kann auf der materiellen Ebene für dich zur Verfügung stehen.

Also lautet deine Aufgabe: Überzeuge dich durch Denken, durch Meditieren von der Rechtmäßigkeit dessen, was du dir vorstellst. Denke immer wieder daran: Du bist die Krone der Schöpfung, weil du Mensch bist. Und ein Mensch hat die Fähigkeit, in seiner Natur die Vollkommenheit, die Schönheit, die Liebe, die Glorie des Kosmos zu verkörpern und auszudrükken. Aber nur der, welcher sich dessen bewußt ist, *daß es so ist.*

Es ist deine Aufgabe, an dem großen Plan der Schöpfung mitzuwirken. Dieser Plan lautet: das, was gegensätzlich erscheint, zur Deckung zu bringen. Deine Worte, dein Tun und dein Trachten sollten darauf gerichtet sein, scheinbar Gegensätzliches aufzuheben, das Verbindende, das Gemeinsame in allem sehen und nicht Gegensätze aufzeigen. Richte dich niemals auf den Gegensatz in einer Aussage, in einem Prozeß, in einem Menschen. Es gibt ihn nicht. Du richtest dadurch deine Aufmerksamkeit, deinen kreativen Geist auf etwas, das es nicht gibt.

Der Gegensatz, den du wahrnimmst, bist du selbst in deiner – noch – polaren Welt.

STILLE GEDANKEN

Das wahre Selbst mit dem Leben Gottes ist eins. Mache dir den göttlichen Einfluß bewußt, und öffne dich ganz dafür. Mache dich zum Kanal, und dadurch können sich die unendlichen Kräfte ermöglichen.

Die große Grundwahrheit im menschlichen Leben, in deinem wie in meinem, ist: Wir müssen zu einer bewußten, lebendigen Erkenntnis unserer Einheit mit diesem menschlichen Leben gelangen und uns diesem göttlichen Einfluß völlig öffnen. Das ist die Grundwahrheit im menschlichen Leben, denn in ihr ist alles eingeschlossen. Aus ihr folgt alles übrige.

Erkenne, daß unsere wirkliche Identität mit diesen Gesetzen und Kräften unser Leben in Harmonie mit ihnen bringen und uns so für dieselben Offenbarungen aufmachen wird. Doch wir erschweren und verhindern die göttliche Kraft in uns. Erinnere dich daran, du bist das Geschöpf und der Schöpfer zugleich.

Deine Entscheidung ist es, ob deine Gedanken schöpferischer Natur sind: sie haben bestimmte Form, Qualität, Substanz und Energie. Fange an zu entdecken, daß in deinem Denken das Werkzeug einer schöpferischen Kraft ist.

Alles, was sich in unserer materiellen Welt befindet, hat seinen ersten Ursprung im Gedanken; durch den Gedanken erhielt es seine Form. Also gib deinem Leben die Form, wie du es willst. Denn der göttliche Wille ist der Wille des Höheren Selbst. Der Wille ist dein Himmelreich, ist gleichzeitig die Einheit mit der gött-

lichen Kraft. Denn der Herr, dein Gott, ist mächtig in dir. Du solltest etwas beschließen, und es soll geschehen.

Wenn du magst, danke mit mir in einer Meditation, nachdem du sie gelesen hast. Vielleicht möchtest du die Suggestion »Gott ist Liebe« mit in die Meditation nehmen? Oder: »Ich bin ein Kanal. Ich öffne mich für die unendlich schöpferische Kraft Gottes. Gottes Liebe erfüllt meine Seele.«

MEDITATION

Setze dich so bequem wie möglich hin und entspanne dich. Deine Wirbelsäule sollte aufrecht sein. Achte auf deinen Atem und atme ein wenig mehr aus, als du einatmest. Löse dich vom Tagesgeschehen. Du brauchst nur dasein, ohne etwas zu tun, nur geschehen lassen.

Laß einfach los und laß geschehen; sei da. Denn nur in der Stille kannst du Gott begegnen.

Wenn Gedanken kommen und gehen, laß sie los. Vielleicht legst du die Gedanken auf eine Wolke, die diese mitnimmt; laß die Wolke vorbeiziehen. Und immer wieder loslassen, nur dasein, das ist alles. Spüre die Leichtigkeit des Seins, des Daseins, das Sein im Dasein.

Die Meditation ist so einfach, hat aber eine große Wirkung. Übe die Meditation, bevor du in das Alltagsgeschehen eintauchst, und du wirst es erleben, wie geklärt du für den Tag sein kannst.

AFFIRMATION

Ich bin nach dem Bild und der Ähnlichkeit Gottes geschaffen. Ich werde die Dinge, die Gott ähnlich sind, anerkennen. Das Wahre ist voller Kraft und Vollkommenheit. Ich bejahe jetzt die göttliche

Vollkommenheit durch den Glauben an das Gottesbild und Ähnlichkeit.

Gott ist Liebe.

Ich öffne mich für die unendliche schöpferische Kraft Gottes.

Oh, du mein Gott, du bist mein Vater und meine Mutter. Ich komme jetzt zu dir als Schüler. In der Stille offenbare mir deine Kräfte, die in mir wohnen. Der Geist ist der Denker, der Täter und das Leben. Er ist der Schöpfer, unbewegbar, unzerstörbar und unwandelbar. Er ist überall, allwissend, er ist ich, und ich bin er.

9 UNSERE AUFGABE IM KOSMOS

Gott ist nicht gut, Gott ist nicht böse. Gott »IST«. Nehmen wir zur Kenntnis, daß es weder einen lieben noch einen bösen Gott gibt. Daß es aber ein Geistiges Gesetz gibt, mit dem wir konform sein können oder nicht. Und auf unserer Stufe der Evolution hat dieses geistige Prinzip, diese kreative Intelligenz, etwas Neues geschaffen: die Freiheit, nein oder ja zu sagen.

Ein Tier wird gesteuert aus einem Programm heraus, das in ihm ist; wir nennen es Instinkt. Es hat nicht die Möglichkeit, sich zu entscheiden.

Wir sind die höchste Qualität an Bewußtsein und haben deshalb diese Freiheit. Wir haben die Möglichkeit zu wählen, und manch einer empfindet diese Möglichkeit als Qual der Wahl. Das ist ein Produkt unserer Erziehung. Wir haben oft die Erfahrung gemacht, daß eine Entscheidung kritisiert wurde, ob berechtigt oder nicht. Diese Kritik war manchmal sehr intensiv, unter Umständen handfest. Das hat uns nicht gefallen, also haben wir aufgehört, Entscheidungen zu treffen. Seit dieser Zeit orientieren wir uns an anderen und können andere dafür verantwortlich machen, wenn etwas schiefgeht: »Ich selbst bin doch nicht verantwortlich für das, was da geschehen ist; das hat mir ja dieser oder jener gesagt.«

Betrachte diese Zweifel am eigenen »richtigen« Tun, die Angst vor Kritik, dein Noch-nicht-Wissen, als das, was es eigentlich ist, als evolutionsbedingten Übergang. Zwischen genetisch festgelegten Programmen und der Freiheit der Wahl liegt eine zeitliche Kluft, die kaum allein zu überbrücken ist.

Wir sind ein im stetigen Wandel befindlicher Prozeß, und nur liebevolle Geduld führt zum Ziel. An diesem Punkt müssen wir alle mit Geduld arbeiten, um zu lernen, selbst zu entscheiden. Eine Entscheidung, die wir treffen wollen, benötigt ein hohes Maß an Informationen, sprich Erkenntnis; und das ist ja der Sinn der Evolution, Erkenntnis zu gewinnen. Erkenntnis im Sinne von sich dem unendlichen Bewußtsein zu nähern, das wir mit GOTT umschreiben.

Wir sind individueller, spezieller Ausdruck dieses bewußten Seins. Wir sind das Spezielle, Individuelle, das sich zum Prinzipiellen, zum Universellen entwickelt. Das erscheint uns logisch, wenn wir uns mit diesen Dingen beschäftigen.

Und um dieses Bewußtsein, das wir sind, zu erweitern, bedarf es stetigen, fortschreitenden Lernens und Erkennens. Jede Erkenntnis hat denselben Inhalt. Es kommt uns nur so vor, als seien Erkenntnisse unterschiedlicher Natur und Inhalts. Aber jede Erkenntnis beinhaltet eine Information über das Sein schlechthin. Also wird uns jede Erkenntnis auch dem Urgrund des Seins näherbringen.

Und wenn du eine Entscheidung triffst, wenn du die Verantwortung übernimmst für das, was aus deiner Entscheidung heraus entsteht, wirst du auch ganz bewußt die Erkenntnis aus dieser Entscheidung annehmen. Und nicht einfach sagen: »Ich habe getan, was die anderen getan haben, und es wird schon richtig sein.« Das wäre ein Akt von Unbewußtheit. Riskiere den nächsten Schritt!

Was auch immer du aufgrund deiner Entscheidung an Erkenntnis gewinnst, es hilft dir, in deinem höchstmöglichen individuellen Maße erkenntnisreicher zu werden. Darum allein geht es.

Wenn du erkannt hast, daß das Leben – auf einer bestimmten Stufe der Evolution – ein Selbstbedienungsladen ist, ist es leicht. Du brauchst nur hinzugehen in dem Wissen, daß es rechtens ist, das zu fordern, was du möchtest. Und du wirst es erhalten. Wenn du aber glaubst, es stünde dir nicht zu, das zu fordern, dann wirst du es nicht bekommen.

Wenn du jedoch weißt, daß das Lebensprinzip nur allzu gerne bereit ist, dir all das zu geben, was du erkannt hast, hast du Überfluß. Also ist es dein Bewußtsein über deine inneren Werte, die dich reich oder arm sein lassen. Wahrer Reichtum ist geistiger Reichtum und wird an der Börse des Lebens in jede Währung der Welt konvertibel sein. Mit geistigem Reichtum kannst du, wo auch immer du willst, Wohlstand auf anderen Ebenen kreieren.

Also ist die Urwährung von Wohlstand, die Erkenntnis der geistigen Konzepte, der geistigen Kapazität, deiner geistigen Größe, deiner Urheberschaft, deiner Erkenntnis, *daß der Vater und du eins bist!* Der Vater in diesem Fall, der Gedanke an deinen inneren Reichtum, läßt dich im gleichen Maße im Außen diesen Reichtum manifestieren.

Werde dir bewußt, daß alles, was im Universum existent ist, dient, für dich geschaffen ist, machst du nur von deinem Recht teilzuhaben Gebrauch. Entwickle Vertrauen! Du bist das Meisterwerk des Schöpfers!

Ich selbst gehe in viele Situationen hinein, ohne zu denken. Ich »lasse mich denken«, es »denkt mich«. Ich gehe hinein in die Situation und weiß, daß sie zu meinem Besten ist. Alles dient mir. Ich weiß, daß alles geschaffen ist, um zu dienen. Daß die ganze Menschheit, du, ihr alle da seid zu dienen. Nichts ist gegen mich, denn alles sind doch nur unterschiedliche Erscheinungsformen des Einen, den wir Gott nennen.

Wir alle sind der Eine, in der Erscheinungsform des Vielfältigen. Wir alle sind identisch. Ich erkannte, daß der Vater und ich, der Geist und ich identisch sind. Somit kann ich doch nichts mehr falsch machen. Ich öffne mich dieser Bewußtheit, diesem

Bewußtsein und lebe in diesem Bewußtsein in der vollkommenen Geborgenheit. Gott ist der Weg, die Wahrheit und das Leben. Ich bin, der ich bin, und ich bin der Schöpfer und das Geschöpf zugleich. Daher hat ein indischer Guru einmal gesagt: »Ich bin Bhagwan.« Das heißt übersetzt: »Ich bin Gott.«

Erkenne deine göttliche Natur. Von Gott trennt dich nur das, was du weißt. Du kennst irgendwelche Geschichten, Theorien, Philosophien, die in die Irre führen. Höre auf, Gott verstehen, Wissen über ihn sammeln zu wollen. Das brauchst du nicht; du brauchst dich nur selbst zu erkennen. Auf der Suche nach mir bin ich Gott begegnet. Auf der Suche nach Gott bin ich mir begegnet. Das ist so schwer anzunehmen für jemanden, der Minderwertigkeitskomplexe hat, und so selbstverständlich für jemanden, der das durchschaut hat.

Versuche, diese Wahrheit über deine Intuition in dich aufzunehmen. Höre auf, zu richten und zu urteilen. Wo ein Richter ist, ist Leiden.

Sag dir lieber: »Ich erkenne, daß ich Gott bin.«

Für mich entwickelt sich Evolution aus dem Mineralreich heraus, das eine niedrige Stufe darstellt. Die unbelebte Materie, der Felsen, ist Symbol des Unbewußten. Wir sagen, das ist unbelebte Materie. Trotzdem, wenn wir es philosophisch betrachten, ist auch ein Stein Bewußtsein. Er ist nicht bewußt in dem Sinne, wie wir uns unserer selbst bewußt sind oder sein sollten, sondern er stellt Bewußtsein in einer niedrigeren – vielleicht der niedrigsten – Form dar.

Materie ist die niedrigste Form von Bewußtsein, und Bewußtsein ist die höchste Form von Materie, beides ist austauschbar. Ein Stein wird sich irgendwann einmal weiterentwickeln, vielleicht um eine logische Kette aufzubauen. Irgendwann springt von irgendwo ein Funke über, und dieser Funke schafft vielleicht etwas, was wir als Mikroorganismen bezeichnen: Einzeller, unendlich kleine Lebewesen, aber Leben. Da ist schon Organisation, da ist schon Prinzip, der Kristall ist mit Sicherheit schon eine Zwischenstufe. Mit Kristallen können wir uns nicht unterhalten, aber sie wachsen. Wachsen ist ein Kriterium von Leben, da ist schon die erste Stufe auf der niedrigsten Ebene von Veränderung, eine Organisation. Ein Felsen ist vielleicht noch etwas Unorganisiertes. Aber wenn Kristalle wachsen, dann ist schon ein Prinzip wirksam.

Jeder von uns sollte folgende Erfahrung gemacht haben:

Gehe irgendwohin, wo du einen großen Baum findest. Gehe zu ihm hin, nähere dich ihm. Es sollte nicht an einer belebten Straße stehen oder zwischen Wohnhäusern. Du solltest dich unbeobachtet fühlen.

Gehe auf diesen großen, mächtigen Baum zu. Nimm aus der Entfernung von fünfzig Metern das erste Mal Kontakt zu ihm auf. Sage zu ihm: »Hallo Baum, es ist schön, daß es dich gibt. Ich komme zu dir, um mit dir zu sprechen, zu kommunizieren, um mit dir zu schwingen.«

Dann gehe näher an ihn heran auf zwanzig Meter und versuche, sein Energiefeld zu fühlen. Vielleicht bist du sensitiv genug, und es gelingt dir. Gehe näher heran, auf zehn Meter. Wenn es ein Baum mit einer mächtigen Krone ist, dann stehst du jetzt schon unter einigen ausladenden Blättern und Ästen. Fühle ihn, deine Hände sind ganz sensitive Antennen, die senden und empfangen können. Halte deine Hände einmal in seine Richtung, fühle den Baum. Gehe näher heran, berühre seinen Stamm, und dann setze dich nieder. Lehne dich an ihn, schließe die Augen, meditiere und gehe eine Verbindung mit ihm ein.

Auch wenn du ein Mensch bist, der sonst ganz im Kopf ist, werden auch bei dir wahre Wunder geschehen. Du wirst plötzlich das Gefühl haben zu träumen. Der Verstand sagt dir: »Ich habe jetzt geträumt, es war irreal.«

Die Intuition wird dir sagen: »Mein Gott, jetzt habe ich mit dem Baum gesprochen. Er hat mir etwas gesagt, er hat sich mir mitgeteilt. Er hat mich auch bewundert, ich will jetzt auch zu ihm sprechen, ihm sagen, daß ich ihn wegen seiner Standhaftigkeit, wegen seiner Stärke bewundere. Dafür, was er alles schon überstanden hat.«

Nimm Kontakt zu dieser Ebene der Evolution auf! Von oben, von der höheren Perspektive, hast du die Möglichkeit, diese niedrige Ebene der Evolution zu erfassen. Von oben haben wir die Perspektive, die Verstehen ermöglicht. Von unten nach oben ist es nicht möglich.

Was du mit dem Baum erlebt hast, kannst du natürlich auch mit anderen Pflanzen oder mit Tieren erleben. Von der kleinsten Mücke bis zum Elefanten – millionenfache Variationen stehen dir offen. Wer sich dessen bewußt ist, öffnet sich dieser Möglichkeit und wird somit Kanal. Sie kann sich durch ihn vollziehen. Durch uns vollzieht sich nur das, dessen wir uns bewußt sind, daß es sich durch uns vollziehen kann. Das ist die Voraussetzung, sehr einfach und doch manchmal so schwierig.

Das, was wir mit kosmischer, kreativer Intelligenz umschreiben, wirkt in dem Maß durch das Individuelle, indem das Individuelle sich selbst als Hauptbehinderungsfaktor erkannt hat und sich zurücknimmt.

Es gilt, wenn du der Evolution freien Raum geben willst, das Individuelle, Spezielle als Übergangsstufe der Evolution zu erkennen. Der nächste Schritt: Du gibst deine Individualität zugunsten eines Höheren auf; du nimmst dich zurück.

Und indem ich, du, wir in der Lage sind, das, was wir lange mit »Uns« bezeichneten –, unsere Individualität, unsere Persönlichkeit, unser Ego, – zurückzunehmen, geschieht Gottgleiches, Prinzipielles, Universelles. Das ist Ziel jeder Meditationstechnik: Überwindung dessen, was wir »Ego« nennen.

Ego ist und war nötig auf der Stufe zur tierischen Evolution.

Das Maß an Individualität und Ego, das du jetzt in dir hast, ist ein Relikt aus deiner tierischen Vergangenheit, das du mitgebracht hast. Als wir noch auf der tierischen Ebene existierten, war es notwendig für unsere Existenz und unser Überleben. Jetzt ist das Ego nur noch etwas wie ein Blinddarm, der irgendwann von der Evolution, die sich im Körperlichen vollzieht, überwunden sein wird. Dann wird es den Blinddarm nicht mehr geben.

Wir werden nicht mehr singen »We are one«, sondern wir werden eins *sein*. Wir werden nicht mehr in unserem Interesse eine Handlung vollziehen. Wir werden nur noch ein Gemeinwesen sein. Das ist Kommunismus im esoterischen Sinn, eine Idealvorstellung von unserer Welt, wie sie einst sein wird. Dann wird es möglich sein, diesen kommunistischen Gedanken zu leben, der in der jetzigen Evolutionsstufe, auf der wir leben, nicht vollziehbar ist. Kommunismus ist ein wunderbarer Gedanke, aber er setzt eine höhere Entwicklungsstufe voraus.

Zurück zu deiner Suche nach Gott. Zu deiner Suche nach dir selbst. Bringe deinen Verstand zum Schweigen, und erlaube deiner Intuition, die folgenden Gedanken in dir aufzunehmen:

Gott ist Schweigen, totales Schweigen, aber Schweigen ist für uns oft noch zu schwierig. Wir wissen, daß es Gold ist, begnügen uns aber mit dem Silber, weil wir über das Reden besser in der Lage sind, uns auszutauschen. Nur in einer Partnerschaft, in der sich hohes Verstehen entwickelt hat, kann über Schweigen mehr gesagt werden als über Worte. Also müssen wir über etwas, was totales Schweigen ist, über GOTT, reden.

Damit können wir uns GOTT nicht nähern durch unser Reden, durch unser Denken, aber wir haben wenige andere Möglichkeiten. GOTT ist nichtdenkendes, reines, bewußtes Sein. Wenn Denken über die Sprache wiedergegeben wird, dann hören wir etwas. Aber GOTT denkt nicht. GOTT ist nichtdenkendes Sein.

Stille ist das Element, in dem sich Großes formt.

Nichtdenken ist nichts, was du tun kannst, es geschieht einfach im Nichtstun.

Das kannst du verstehen in guten Momenten von Meditationen, indem du hin und wieder einmal auch ein paar Sekunden nicht denkst. Dann bist du Gott sehr nahe, dann bist du verwandt mit Gott. In einer sehr hohen Ebene, verbunden mit ihm, ihm ähnlich wie nie zuvor.

Das, was uns an Meditationen, wenn wir sie üben, so fasziniert, sind diese Momente des Schweigens. Nicht das Schweigen des Mundes, sondern das Schweigen der Gedanken, des Geistes. Wenn wir einen Moment der Ewigkeit finden, den Moment wahrnehmen, sind wir *Sein* ohne Absicht.

Alle kennen nur ihren Aspekt der Wahrheit, und keiner sollte zu dir sagen: »Folge mir!« Folge niemandem und nichts! Du bist eine klare Definition und ein klarer Weg, den die Evolution sich gewünscht hat.

Sei dieser Weg!

Sei unbeirrbar!

Du bist einmalig.

Hab Hochachtung vor dir selbst!

Gott gab dir *seine* hohe Meinung von dir – lebe sie!

Folge niemandem!

Du bist ein Versuch der Evolution für etwas Einmaliges. Sobald du jemanden anderen nachahmst, gibst du deine Einmaligkeit auf und verrätst dich selbst. Du bist das Licht, das den Namen »Mensch« trägt. Deine Verpflichtung ist es, dir selbst treu zu sein.

GOTT zu finden in deiner Mitte ist über viele Wege möglich oder über alle gleichermaßen nicht. Es ist die Frage, wo du beginnst zufrieden zu sein mit dem, was du gefunden hast. Dem Ego entspricht es mehr, wenn ich dir empfehle: »Suche nicht nach GOTT, sondern nach dem Selbst.«

Denn dein Selbst, auf dessen Spuren du wandelst, ist ja nichts anderes als eine andere, individualisierte Definition GOTTES. Das Prinzip GOTT ist ein absichtsloses Sein. GOTT, das Leben, will überhaupt nichts. Es will nicht, daß es morgen anders ist als heute. Nicht, daß du in einem Jahr oder in einem Jahrzehnt etwas bist, was von heute aus betrachtet als »idealer« erscheint.

GOTT, das Leben, will möglichst nur einen wunderbaren, großartigen Ausdruck seiner selbst in deinem Heute. Es geht weder um das Morgen noch um das Gestern. Es gibt nichts als das Heute, und wenn du dir das bewußt machst, dann wird aus dem, was du dir bewußt machtest, dein Weg zu Gott.

Das Spirituelle hat seine Wurzeln im Materiellen. Betrachte es nicht als getrennt voneinander! So wie eine Spiritualität die Materie deines Körpers als Gefäß benötigt, so hat das Geistige seine Wurzeln im Materiellen. Es entspringt, es entwickelt sich aus der Materie heraus. Es ist sozusagen in der Materie eingefaltet. In Materie wohnender schlafender Geist.

Das Sein, das sich offenbart, ist wie eine Mullbinde, die sich entwickelt und allmählich ihre Botschaft klar und klarer werden läßt. Aber diese Entwicklung ist nicht der Zweck des Seins. Die Botschaft war von jeher da. Jeder einzelne Tag, jeder Augenblick, in dem du *bist*, zählt.

Hast du das in dich aufgesogen, hast du das mit deinem Herzen begriffen, dann bist du in deinem Glauben dort angelangt, wo dich niemand mehr unterminieren kann. Niemand kann dich mehr zerstören.

Das Ergebnis dieser inneren Stabilität ist das Ergebnis deiner Bewußtheit. Suche nach deinem Selbst, dem Tor zu dir, damit GOTT sich dir offenbaren kann. Du findest GOTT in dem Maß, in dem du dich ihm öffnest.

STILLE GEDANKEN

Wenn du in deinem All-Tag einmal einen Tag hast, wo du mit dir nicht ganz in Einklang bist, dann, wenn du magst, lese dir diese Zeilen durch. Schreib aber vorher deinen Namen in die Meditation. Gehe in der Meditation auf eine andere Ebene, da wo du spüren kannst, daß du und Gott eins sind. Fühle, daß du dich wieder erinnerst, daß der, der dich machte, auch etwas vorhatte mit dir, und so wie du bist, wirst du geliebt, also liebe dich auch so.

Ich bin eine liebevolle, kraftvolle, friedvolle Seele und Persönlichkeit.

Jetzt jeden Augenblick genießen, leben, voll und rein im Herzen. Auch wenn von außen viele Prüfungen auf mich zukommen, immer gelassen und zufrieden sein. Einfach im »Sein« aufgehen, wie eine Blume, die in voller Blüte steht. Jetzt, immer wieder jetzt, das ist das Leben in der Gegenwart. Ich lasse mich von nichts und niemandem aus meiner Mitte bringen.

Loslassen, immer wieder loslassen und geben. Ich bin ganz locker und doch konzentriert für das lernende Leben. Ich fühle gleichzeitig meinen gesunden Körper und bin im vollen Vertrauen mit mir und meiner Umwelt.

Ich nehme mich... (deinen Namen) voll und ganz an und liebe mich.

Ich interessiere mich für alles Gute in der Welt, das mich fördert auf meinem Weg, und bin bis zum Ende einer Sache ganz dabei und konzentriert und interessiert.

Ich bin eine ganzheitliche Persönlichkeit, die die Herausforderung des Lebens über die Liebe zu allem Existierenden annimmt.

Ich lasse das Göttliche durch mich wirken und strahle dabei Ruhe und Harmonie aus. Ich danke dem Schöpfer, daß es mich gibt.

10 DIE EHE BERUFT DICH AN IHR HEILIGES FEUER ODER: HARMONIE VON YIN UND YANG

Allein oder zu zweit auf dem Weg der Erkenntnis! Wir sagen: Erfüllte Partnerschaft macht das Leben schöner!

Der Himmel, der ja nur auf Erden existiert, nicht irgendwo sonst, ist kein Singlehimmel. Ein Single, ob Yin oder Yang, kann nicht in den Himmel. Der Himmel ist das, was entsteht, wenn Yin und Yang verschmelzen; dann entsteht etwas Neues. Yin und Yang geben ihre Existenz auf, zu Ehren von etwas anderem, das wir das Nirwana, Egolosigkeit oder Himmel nennen können.

In den Himmel findet nur Einlaß, wer rein im Geiste, das heißt eins und nicht zwei ist. Als du den Himmel verlassen hast, als du aus dem All-eins-Sein hinausgegangen bist, hast du dich aus der Singularität in die Dualität begeben, bist zum Pol Yin oder Yang geworden.

Seit dieser Zeit hast du dich nur aus deiner Perspektive gesehen. Alles, was dir begegnet ist, wurde zum Entweder-Oder, zum Plus oder Minus.

In einer Partnerschaft hast du in einer hohen Intensität die Möglichkeit, das Ziel einer Ehe zu erreichen, obwohl es nicht dein Ziel ist. Es ist auch nicht das Ziel deines Partners. Es wird erst in dem Moment offenbar, in dem *ihr* es erreicht. Erinnere dich: Im Du liegt mehr wir als im *Ich.* Läßt du ab von jeglicher Zielvorstellung und läßt dein Partner ab von aller Vorstellung, dann und erst dann öffnet sich das Tor zum Nirwana (Nicht-Ego-Zustand).

Zunächst ist eine Ehe ein Abnutzungskrieg, der so lange anhält, bis die unpersönliche Reife erreicht ist und nicht mehr länger im eigenen Verwirklichen die Vorstellung vom Zweck des Daseins liegt. Erst im Bewußtsein der Gleichgültigkeit des anderen liegt der entscheidende Schritt.

Das Ziel der Ehe gibt es nicht. Die Ehe ist der Weg, das Ziel, *IST*, wenn der Weg zu Ende ist. Die Ehe ist die Hölle, die im Himmel mündet, sie ist das (Fege-)Feuer, das dich reinigt, der große Alchimist, der dich verwandelt, bis von dir nichts mehr übrigbleibt. Erst wenn *du* (Ego) nicht mehr bist, ist ein Stückchen mehr Himmel auf Erden.

Du solltest den Qualitäten, die du dir vom anderen wünschst, selbst entsprechen. Du solltest ihre Entsprechung sein, du solltest Qualitäten ebenso bewerten wie der andere. Du mußt aber auch in einigen Punkten das Gegenteil sein, um Ergänzung sein zu können.

Du hast irgendwo gelesen, wie ein »vollkommener« Mensch aussieht. Du hast dir gesagt: »Genau das ist es, das möchte ich haben.« Aber ob du dich diesem idealen Vorbild auch nur annähernd angleichen kannst, hast du meist nicht berücksichtigt. Wenn du in einer Partnerschaft bist, kannst du nie dem Idealbild eines Menschen entsprechen; Partnerschaft verhindert das. Wenn du dich auf das Abenteuer Partnerschaft einläßt, vergiß den idealen Menschen! Etwas Größeres, Wichtigeres wartet auf dich. Bist du in dem Prozeß Partnerschaft über das DU zum WIR unterwegs, manifestiert sich ein Stückchen Himmel in EUCH auf Erden.

Du greifst vielleicht noch nach den Sternen, dabei wartet doch das Glück vor deiner Tür!

Du kannst immer nur den Partner haben, der gerade jetzt zu dir paßt. Und dann beginnt ein großes Abenteuer. Beide Menschen, die heute zusammenpassen, müssen morgen nicht mehr harmonieren. Das ist eine Frage der Parallelentwicklung oder

Nicht-Parallelentwicklung. Morgen muß eine neue Abstimmung erfolgen, genauso übermorgen und nächstes Jahr.

Erfolgt diese Abstimmung via Kommunikation nicht, kommt kein Anpassen zustande, kein Miteinanderschwingen, kein In-Resonanz-Gehen, dann wird Dissonanz entstehen. Dann können Auseinandersetzungen die Folge sein. Der Partner, der heute zu dir paßt, muß morgen nicht mehr zu dir passen. Es ist ein Abenteuer, das du eingehst, ein Risiko. Es kann gar nicht anders sein, das solltest du akzeptieren.

Aber irgendwann solltet ihr euch wieder zusammensetzen, kommunizieren, überlegen, was wohl der bessere, der *gemeinsame* Weg wäre. Das ist der Sinn der Partnerschaft: der gemeinsame Weg.

Partnerschaft heißt nicht, daß der eine den Weg des anderen mitgeht und nach einer gewissen Zeit gewechselt wird.

Partnerschaft heißt, einen gemeinsamen Weg zu finden. Das WIR entstehen zu lassen, das Gemeinschaftsgefühl. Probleme zu haben bedeutet, auf der Suche nach Lösungen zu sein. Initiiert ein Problem die Suche nach Lösungen, dazu muß das Ego Federn lassen, aber du gewinnst dadurch. Du verlierst nichts, du bekommst viel mehr. Du bekommst durch das WIR, durch die Partnerschaft etwas, was vorher noch nicht da war, als du nur du warst und noch nicht WIR, das im Gefühl der Einheit mündet. Besonders schön ist es, gemeinsam zu wachsen. Neue Erkenntnisse miteinander zu teilen. Aus diesem Grund freuen wir uns – als Paar – sehr, wenn (Ehe-)Paare gemeinsam unsere Seminare besuchen.

Freilich mußt du auch dafür ein gesundes Maß an Risikobereitschaft mitbringen. Es sind schon Paare durch diese Seminare auseinandergegangen, weil sie gemerkt haben, daß die Zeit dafür da war. Aber viele sind gerade durch die Seminarerfahrung wieder zusammengekommen, weil sie das Verbindende gesucht und gefunden haben.

Es ist da, das Verbindende. Es kann nur sein, daß es verdrängt wurde und somit nicht mehr offensichtlich war; daß man das Trennende mehr beachtet hat.

Alles ist Perspektive; gib dir die Freiheit, im Interesse deiner Partnerschaft einmal die Perspektive zu wechseln!

Bestehe nicht darauf, daß deine Ansicht die richtige ist! Deinen Partner im Rahmen des Seminars zu erleben, beinhaltet eine Chance für eure Partnerschaft. Ihn dorthin mitnehmen, ist ja schon ein Liebesakt, ein »Etwas-Tun« für die Partnerschaft, das sich eigentlich nicht gegen sie richten kann.

Wassermannzeitalter bedeutet für uns und andere: Yang, die männliche Energie, sollte nicht weiter fortführen wollen, was sie bisher getan hat. Sie sollte erkennen, was ihre eindimensionale Ausrichtung bewirkt hat. Sie sollte erkennen, daß ihre einseitige Ausrichtung die Welt in eine ausweglose Situation geführt hat. Jetzt ist die Reihe an der weiblichen Energie. Jetzt ist die Stunde von Yin gekommen. In meinem Universum – ich spreche als Mann, Therapeut und Esoteriker – hat das Weibliche den höchsten Stellenwert überhaupt.

Das Weibliche ist die Chance, die wir in dieser Welt haben, und das erkennt Yin, die weibliche Energie. Langsam beginnen Frauen, Verantwortung zu übernehmen. Sie tun es noch zögernd, sie tun es noch ängstlich, aber sie tun es.

Dieser Übergang ist in vollem Gange, er geschieht allerorts. In der Politik, in den Führungsetagen, fängt das Weibliche an, Einzug zu halten; und es ist überlebensnotwendig, weil diese andere Energieart uns retten kann.

Denn Yang kann nicht weiter. Yang ist am Ende. Seine Aufgabe ist: geschehen zu lassen und von Yin zu lernen.

Yang sollte jetzt Yin integrieren, leben, akzeptieren und annehmen. Dann wird er aufhören, mit dem Kopf durch die Wand zu gehen, mit Brachialgewalt und Aggressivität etwas erreichen zu wollen. Yang hat die heutige Situation geschaffen, eine waffenstarre Welt. Yang glaubte, durch die Demonstration von Stärke, Frieden erzwingen zu können.

Yin wußte schon immer, daß es nicht möglich ist, mit einer Waffe den anderen zum Frieden zu zwingen.

Es ist Zeit, dem Krieg den Frieden zu erklären!

Yin hat schon immer von Liebe gesprochen, Yang hat es nur nie verstanden. Die männliche Energie sollte jetzt verstehen, was sie gemacht hat, und sollte nicht resignieren, sondern sagen: »Ja, ich bin begrenzt; und damit ich diese Grenze überwinden kann, überlasse ich dir, Yin, jetzt mehr und mehr. Ich gewinne Vertrauen in dich in dem Maß, in dem du, Yin, Vertrauen in mich hast und von mir übernimmst, was ich dir übergebe. Ich konnte nichts anderes tun als das, was ich getan habe. Wertvorstellungen sind im Wandel begriffen.«

An diesem offensichtlichen Paradigmenwechsel kristallisieren sich neue Wertmaßstäbe heraus. Wir werden in einigen Jahrzehnten nicht mehr mit dem Meterstab durch die Gegend laufen, das war Yang-Energie. Wir werden neue Vorstellungen entwickeln, die jenseits des Intellektes und der Logik liegen.

Verschmolzensein im höchsten Ziel, im stillen Ein-Klang des vollkommenen Friedens, ist deine Sehnsucht. Wenn du frei bist von der Vorstellung über die Eigenschaften des Himmels, bist du da.

»Wenn ihr Mann und Frau zu einem macht, so daß das Männliche nicht männlich und das Weibliche nicht weiblich sein wird, dann werdet ihr eintreten in das Königreich.« (Neues Testament)

Die Vorstellung einer erfüllten, harmonischen Partnerschaft ist sicherlich ein Wunschtraum, den nahezu alle Menschen hegen. Voraussetzung dafür sind Offenheit und Vertrauen. Was geschieht aber, wenn das Vertrauen gebrochen wird? Was tust du, wenn dein (Ehe-)Partner dich betrügt?

Oftmals entsteht ein solcher (Vertrauens-)Ehebruch aus

Verzweiflung. Dein Partner geht nicht, um dir weh zu tun, sondern weil er verzweifelt ist.

Hier hat sich jemand nicht bestätigt, nicht angenommen gefühlt und glaubt nicht wirken zu können, wie er möchte. Er ist nicht in der Lage, das umzusetzen; deshalb geht er dorthin, wo er diese Anerkennung ein bißchen mehr findet, wo er ein wenig mehr Ansprache findet.

Kein Mensch kann ertragen, daß er nicht wahrgenommen wird. Es ist für uns das Wichtigste, das Gefühl zu haben: Der andere hört mich. Er schenkt mir seine Aufmerksamkeit, ich schenke ihm meine. Er spricht für mich, ich für ihn. Austeilen und nehmen in Harmonie, ist Ausgeglichenheit. Wenn das längere Zeit nicht der Fall ist, dann muß sich der, der zu kurz gekommen ist, abwenden. Es stimmt nicht, daß ein Mann seine 44jährige Frau gerne gegen zwei 22jährige eintauscht. Der wahre Hintergrund, wenn eine Diskrepanz, eine Trennung in der Partnerschaft auftritt, ist das Sich-Nicht-Angenommen-Fühlen. Das Sich-isoliert-fühlen. Deshalb geht er weg, aber nicht um wegzugehen, sondern um zu suchen.

Partnerschaft bedeutet, dem anderen zu sagen, wie der Schöpfer ihn gemeint hat; Partnerschaft heißt, dem anderen zu helfen, in ihm das Wunder des Lebens zu entdecken.

Jeder von uns möchte dazu beitragen. Jeder möchte sein Bestes geben. Jeder versucht es auch ständig – und eben um dieses Versuchen geht es. Niemand kann auf Dauer ertragen, verzweifelt zu sein. Nicht angenommen zu werden ist unerträglich. Die Kommunikation hat aufgehört; der eine ist für den anderen und umgekehrt nicht mehr da. Nur noch die Gewohnheit hält beide zusammen. Da lebt man aneinander vorbei. Da trifft man sich vielleicht, wenn man sich über gemeinsame, geschäftliche Dinge unterhält. Aber die tatsächlichen emotionalen Ebenen, da, wo sich zwei Menschen wirklich begegnen wollten – im Herzen, im Gemüt –, sind von Mauern verstellt.

Was soll geschehen? Wie verhältst du dich, wenn dein Partner dich betrogen hat? Der höhere Standpunkt wäre, alles in die Hand GOTTES zu legen. Eine schöne Idee, eine Theorie, in der Praxis wohl – meist – nicht durchführbar. Denn unser Ego meldet seine Ansprüche an. Es sagt: »Dein Wille geschehe, aber lieber GOTT, mach es doch bitte so, wie ich es gerne hätte!«

Sei im Interesse aller ganz offen für das, was geschieht; versuche es!

Wenn du aber willst, daß es in deinem Sinne weitergeht, überprüfe, ob du deinen Mann wiederhaben willst, nur um wieder einen Partner zu haben. Oder ob du wirklich Partnerschaft praktizieren und leben, sie mit Leben erfüllen willst. Wenn du fähig bist zu lieben, ich meine, wenn jene zweck-lose, uneigennützige Liebe durch dich fließt, dann wirst du im Namen der Liebe unwiderstehlich sein. Dann bist du im höchsten Sinne das Ziel – die Hoffnung und das Leben. Dann wäre dein Partner gut beraten, bei dir zu bleiben.

Warum ziehe ich immer wieder den falschen Lebens- oder Geschäftspartner an mich? So werden wir immer wieder gefragt. »Was mache ich falsch?«

Denke an das Gesetz der Resonanz. Du hast noch nie den falschen Geschäftspartner angezogen, immer hast du das dir Entsprechende gesucht. Immer hast du das erlebt, was auf der anderen Seite ist. Und es war genau das Richtige für dich. Und immer hast du durch das Leiden, das du angezogen hast, ein Maximum an Erkenntnissen gesammelt, welches nur auf diese Art und Weise möglich wurde. Es gibt keine Situation, die total falsch ist. Auch ist sie nicht zufällig entstanden.

Du hast unbewußt, aber richtig gehandelt. Sich dann damit beschäftigen ist das, was wir Arbeit an uns selbst nennen. Wieso habe ich so gehandelt? Wieso ist das richtig, daß ich so gehandelt habe? Das ist doch zerstörerisch, was da geschieht!

So sieht es dein Intellekt, so sieht es aus der Denkrichtung, aus der du heraus es betrachtest, aus. Aber das ist ja deine Aufgabe, aus verschiedenen Perspektiven heraus Situationen betrachten zu lernen, um dann aus verschiedenen Perspektiven heraus zu erkennen, was da vor sich geht.

Und du wirst mehrere Perspektiven erarbeiten, die dir sagen: Das ist nicht negativ, es ist durchaus sinnvoll, das ist vielleicht positiv. Und wenn du das einige Male gemacht hast, ob zehn- oder hundertmal, das ist eine Frage deiner Sensitivität, dann wirst du nichts mehr negativ oder positiv sehen. Dann wirst du es zur Kenntnis nehmen, dann wirst du Zeuge sein bei Prozessen und nicht mehr richten. Das Problem, das du hast, ist immer nur das Verurteilen deiner Eigenart. Da, wo ein Richter ist, ist Leiden. Da du selbst derjenige bist, der richtet, bist du derjenige, der unter deinem Richten leidet. Und derjenige, welcher der Gerichtete ist, leidet auch durch dich und unter dir. Was hier vorgeht: Du erlebst dich im anderen und bekämpfst dich im anderen.

Wissen ist leicht zu erwerben, um es jedoch richtig anzuwenden, brauchen wir Weisheit.

Nur dein Ego läßt dich behaupten, daß du hochwertiger bist und der andere niederwertiger, minderwertiger ist. Dein Ego ist es, dein Selbstbehauptungstrieb. Nur aus deiner Egozentriertheit heraus möchtest du, daß nur du der Richtige bist – nicht der andere. Deshalb bekämpfst du am anderen, was du nicht magst. Dir wurde vermittelt, bestimmte Eigenschaften seien minderwertig, und das willst du natürlich nicht sein. Aus dieser Perspektive heraus erscheint einem manch ein anderer als minderwertig, und das willst du natürlich nicht sein.

Wenn du das betrachtest und es dann einmal außer acht lassen kannst, es kurzfristig liebevoll überwinden kannst, dann wird dir der andere, welchen Weg er auch immer gehen mag, gleichwertig sein.

Der Schöpfer hat die Schöpfung, als er fertig war, gut und sehr gut genannt. Nenn du nicht einen Teil der Schöpfung falsch, minderwertig, zerstörerisch! Es ist nur eine schmale, sehr bedingte Sicht der Dinge, wenn du das tust. Aber wir alle sind so erzogen worden. Überall wird geurteilt. Laß deine Kritik eine Funktion von Liebe sein!

Du ziehst so lange die falschen Geschäftspartner an, wie du die falsche Perspektive von diesem Vorgang hast. Suche im Geschäftspartner das dich ergänzende Element! Du suchst dich zu erkennen, und deshalb ziehst du andere an, die wie du sind. Ändere deine Einstellung zu geschäftlichen Vorgängen, zum Beispiel Geschäftsmoral, und dir begegnen alsbald moralischere Menschen. Reduziere nicht länger die Qualität deiner Tage! Du bist alles, was du hast. Mache deshalb aus dir den besten, liebevollsten, großartigsten Geschäftspartner, dann wirst du immer überleben. Nenne deine Firma Glück und Co.

Kennst du die Geschichte von dem Mann, der in seinem Wagen eine kurvenreiche, enge, zweispurige Gebirgsstraße hinauffährt? Dabei kommt ihm eine Frau entgegen, sie steckt den Kopf aus dem Wagenfenster und ruft. »Schwein!« – Und er schreit zurück: »Du verdammte Sau, du!« Und als er um die Kurve biegt, überfährt er ein Schwein.

Hör auf zu suchen, laß dich finden!

Für alle die, die keine Partnerschaft haben, bedeutet das: Hör auf, deinen Partner irgendwo zu suchen! Sage ihm vielmehr, wo du zu finden bist! Denn es spielt sich bei jedem so ab. Wenn jemand seinen Idealpartner gefunden hat, dann fällt er ihm in die Arme und sagt: »Mir ist, als kenne ich dich schon ewig!«

Und tatsächlich kannten sich diese beiden Seelen schon lange. Schon lange waren seelische Verbindungen vorhanden; über Raum und Zeit waren hier schon – über das Erkennen von Ähnlichkeiten – Verbindungen da. Kommunikation hat bereits stattgefunden – nur noch nicht im physikalischen Universum.

Das läßt sich ändern. Teile deinem Seelenpartner mit, wo du bist. Laß dich von ihm finden! Ich weiß, daß das funktioniert, weil viele Menschen es bereits teilweise unter unserer Anleitung ausprobiert haben. Sei mutig – laß dich finden!

Problemfeld Eifersucht: Menschen werden aus den verschiedensten Gründen eifersüchtig.

Wenn jemand eifersüchtig ist, bist du auch kaum in der Lage, etwas zu tun, damit er weniger eifersüchtig ist. Denn wenn du ein Verhaltensmuster, auf das er eifersüchtig ist, abstellst, wird er sich ein neues Verhaltensmuster bei dir aussuchen. Das, was ist, zieht immer gleiches nach sich.

Du wirst der Sklave dessen, der eifersüchtig ist. Deshalb fang erst überhaupt nicht an, auf jemanden zu reagieren, der eifersüchtig ist. Dadurch hört er am schnellsten auf, eifersüchtig zu sein.

Der Eifersüchtige manipuliert dich durch seine Gefühle; er versucht dir Schuldgefühle zu vermitteln. Er möchte Macht ausüben. Wenn du das für dich durchschaut hast, dann wirst du nicht mehr eifersüchtig sein.

Wenn du durchschaut hast, daß Eifersucht auf der Angst basiert, »zu kurz zu kommen«, kannst du lernen, sie abstellen. Leidest du unter jemandem, der eifersüchtig ist, übe Widerstandslosigkeit. Bete für ihn, sprich auf ihn ein in einer liebevollen, netten Art, aber nur bedingt und begrenzt. Denn du bist kaum in der Lage, ihm zu helfen. Er muß da selbst herauskommen!

Eifersucht ist verwurzelt in einem tiefen Minderwertigkeitsgefühl. Und das kannst du bei einem anderen nicht abstellen. Das kann jeder selbst auflösen, weil ja jeder es selbst geschaffen hat, dieses Gefühl, einen minderen Wert darzustellen. Wenn jemand von sich glaubt, wertlos zu sein, kannst du diesen Glauben nicht ändern. Du hast keinerlei Einfluß in diesen Bereich, und das ist auch gut so.

Wende dich anderen Menschen so zu, wie du es dir für dich selbst wünschst. Tue soviel Gutes, wie du möchtest; die Reaktion eines eifersüchtigen Partners sollte dich nicht zurückhalten. Das würde Sklaventum bedeuten. Laß es nicht dazu kommen. Du gehörst keinem Menschen. Du bist für dich selbst verantwortlich.

Wenn Yin und Yang sich vereinigen, dann entsteht etwas Neues, das was wir den Himmel auf Erden nennen. Das ist der Sinn der Partnerschaft. Und um in der äußersten Welt, in der äußeren Partnerschaft dazu fähig zu sein, sollten wir erst einmal *in uns* das Unüberbrückbare, das Gegensätzliche erkennen und auflösen bzw. integrieren.

Partnerschaft will in der polaren, endlichen Welt einen Moment der Ewigkeit, ein bißchen All-Eins-Sein kreieren.

Und erst in dieser inneren Harmonie, in dieser inneren Einheit, sind wir in der Lage, mit einem Partner im Außen, mit einem Yang oder mit einem Yin zu kommunizieren. Das ist dann der nächste Schritt.

Starre also nicht voller Erwartung auf deinen Partner, sondern fang bei dir selbst an. Lerne, das männliche und das weibliche Prinzip *in* dir zu verstehen, zu vermählen und zu verschmelzen.

Der Himmel ist ein Bewußtseinszustand, der sich dann eröffnet, wenn die Diskrepanz in uns, das Unüberbrückbare, das Gegensätzliche verschmolzen ist. Yin und Yang haben dann ihre Aufgabe gelöst.

Wir sind alle Engel mit nur einem Flügel. Erst wenn wir uns umarmen, können wir fliegen.

Und wenn es mit dem gemeinsamen Fliegen nicht mehr klappen will?

Dann solltet ihr euch intensiv eure Kommunikation ansehen! Partnerschaften werden dann schwierig, wenn der gemeinsame Dialog aussetzt.

Es gibt eine gute Möglichkeit, ihn wieder aufzunehmen: Setzt euch – am besten abends, streßfrei – Rücken an Rücken auf den Boden. Nur einer von euch redet – über das, was sein Herz bewegt. Der andere ist still und hört zu. Ohne Gegenrede!

Am nächsten Tag tauscht ihr eure Rolle: Der gestern geredet hat, hört heute nur zu – und umgekehrt.

Nach wenigen Tagen, in denen ihr immer wieder die Rollen getauscht habt und gleich oft »Sprecher« und »Hörer« gewesen seid, werdet ihr eine erstaunliche Feststellung machen:

Der andere meint eigentlich dasselbe wie du, nur habt ihr immer aneinander vorbeigeredet, seid euch sonst immer ins Wort gefallen. In Wirklichkeit aber will dein Partner Verständnis und Vertrauen haben, wünscht er sich, daß du ihm zuhörst und hofft er, daß du an ihn glaubst.

Wieder in der Partnerschaft ins Gespräch zu kommen, ist dazu eine gute Möglichkeit: Du spürst den anderen, fühlst die Vibration seiner Stimme, wenn er schluchzt; du nimmst in dich auf, was er dir zu sagen hat.

Dieser Versuch lohnt sich! In den meisten Fällen bringt es wenig, bei Schwierigkeiten gleich wegzurennen.

Denke daran: Was du in dieser Partnerschaft nicht gelernt – und damit aufgelöst – hast, mußt du in der nächsten tun.

Frage dich selbst, ob du wirklich lernen willst, auf deinen Partner einzugehen, ob du wirklich austauschen und teilen willst. Partnerschaft heißt teilen. Wer zu oft Aufmerksamkeit erzwingen will, indem er seine »Probleme« zur Diskussion stellt, verhält sich auf Dauer egoistisch.

Hier kann keine Partnerschaft stattfinden. Da wird einer unterdrückt, wenn der andere nur das Sagen haben will.

Eine Partnerschaft ist ein WIR. Dem anderen also im Minimum fünfzig Prozent Aufmerksamkeit schenken, weil du dann wiederum dem anderen ebenfalls fünfzig Prozent Zeit gibst, sich dir zuzuwenden. Achte im Interesse deiner Partnerschaft auf Ausgeglichenheit! Niemand soll und darf auf Dauer zu kurz kommen!

Das zu vermeiden, dafür sind Partnersitzungen so wichtig. Sie helfen dir, das WIR über dein Ich zu stellen, zu erkennen, daß das WIR über dem Ich rangiert. Wenn jemand in einer Partnerschaft nur sich selbst sieht, ist es bestenfalls eine Interessengemeinschaft.

Wahre Partnerschaft baut auf Liebe auf. Liebe aber stellt keine Bedingungen und ist nicht an Voraussetzungen geknüpft. Du sollst lernen, in einfachen Bereichen den anderen über dein Interesse zu stellen. Dann bist du auf dem Weg zu einer erfüllten Partnerschaft.

Partnerübungen sind wichtig, weil du lernen kannst, das, was du in dir nicht zur Deckung bringst, das, was dir an dir widersprüchlich erscheint, in seinem Ursprung zu erfassen. Partnerübungen sind wichtig, damit du mit dir selbst eins wirst. Da du das oft nicht angehen willst, sollte manchmal diese Partnerübung im Außen geschehen, damit du eins mit dir wirst.

Wenn du einen Partner haben willst, der auf der anderen Seite zu finden ist, Yin sucht nach Yang, und Yang sucht Yin, ist die Voraussetzung, daß du das andere im Außen akzeptieren kannst, annehmen und integrieren kannst, daß du das andere Element in dir selbst integriert hast.

Reichen sich Yin und Yang, Männlich und Weiblich in dir die Hand, dann ist das entstanden, was wir Harmonie nennen. Und dann wird es dir im Nächsten auch möglich sein, das dir entgegengesetzte Prinzip im Außen zu integrieren und zu akzeptieren.

Es wird kein Kampf der Geschlechter mehr im Außen stattfinden, weil die Harmonie im Inneren bereits vollendet ist. Die Integration ist erfolgt. Yin und Yang haben sich vermählt.

Was aber geschieht, wenn sich ein Partner – durch Übung und Erkenntnis – von dem anderen fortentwickelt?

Unsere Antwort: Wir leben heute in einer Zeit, in der auch Partnerschaften nicht mehr ein Leben halten müssen. Vielleicht bist du nur eine gewisse Zeit in einer Parallelentwicklung mit einem anderen. Du begegnest im Gebirge jemandem und teilst mit ihm einen Teil des Weges. Plötzlich sagt er, ich muß dort entlang, und eure Wege trennen sich, denn deine Richtung ist ab da eine andere.

Wir leben in einem Zeitgeist, der dem Ego das Wort redet. Das Ego will sich selbst verwirklichen und deshalb *seinen* Weg suchen und gehen.

Entwickelt einer der Partner sich, wendet er sich den Geistigen Gesetzen zu und der andere nicht, dann kann es sein, daß er sich von ihm beengt und eingeschränkt fühlt. Sei es, weil er selbst erst zögernd versucht, die Geistigen Gesetze in seinen Alltag zu integrieren, sei es, weil ihn der Partner aus Angst, verlassen zu werden, kritisiert und angreift.

Aber wenn wachsende Bewußtheit, wachsende Spiritualität andere Worte sind für zunehmende Liebesfähigkeit, dann solltest du lernen, diese zunehmende Liebesfähigkeit, ganz in deiner Nähe, nämlich bei deinem Partner, auszuprobieren!

Denn das höchste Maß an Liebe, zu der wohl jemand fähig ist, wird gleichzeitig ausgedrückt in einem Höchstmaß an Bewußtheit. Liebe drückt sich in Bewußtheit aus, und Bewußtheit durch Liebe. Wenn du bewußter und spiritueller wirst, wirst du auch liebesfähiger. Gib doch gleich von dem, was du dir erarbeitet hast, deinem Nächsten, deinem Partner!

Versuche doch einmal ihm zu gestatten, zu sein, wie er ist, und ihm nicht unbedingt den Weg aufzuzwingen, den du gehst. Laß ihn doch so sein, wie er ist, und so denken, wie er denkt. Versuche ihn, versuche seine ganz spezielle Art zu genießen, so wie du es genossen hast, als ihr euch kennengelernt und ineinander verliebt habt. Geh doch nicht davon aus, daß das, was du als richtig erkennst, für ihn auch richtig ist!

Es gibt allgemeingültige Wahrheiten. Der aber, der sich an ihnen nicht beteiligen mag, ist deswegen nicht schlechter; er ist nur anders. Es ist seine Individualität. Und wenn du lieben kannst, läßt du ihn, wie er ist.

Wenn das, was du erkannt hast, wirklich gut ist, dann lebe es ihm vor!

Probiere aus, ob deine höhere Erkenntnisstufe auch gesteigerte Liebesfähigkeit bedeutet. Ein Mensch, der bereit ist, offen zu sein für Erkenntnisse, diese Erkenntnisse umsetzt und lebt, ist ein guter Mensch, ein »gütiger« Mensch. Aber ein Mensch, der bereit ist, offen zu sein für Erkenntnisse, und diese Erkenntnisse *in Liebe* umsetzt und lebt, ist einen Schritt weiter und dem Göttlichen näher.

Wenn du also etwas bewirken willst, dann vergiß nicht, dich auf das Wesentliche zu konzentrieren. Wenn das, was von dir erkannt wurde, wirklich ein höheres Maß von Liebe beinhaltet, dann lebe doch diese Liebe – und es wird nie zu einer Auseinanderentwicklung kommen können.

Entscheidest du dich für den Weg von Liebe und Harmonie, bist du bereit, an dir zu arbeiten, um »eins« mit dir selbst zu werden, so wirst du feststellen, daß es mehr und mehr andere Menschen zu dir zieht.

Anziehung entsteht durch das Gesetz der Resonanz und funktioniert immer. Wir üben immer Anziehungskraft aus auf Ähnliches. Je höher das Selbstwertgefühl eines Menschen ist, umso mehr Faszination geht von ihm aus. Denn wenn dieses Selbstwertgefühl einigermaßen realistisch ist und nicht auf tönernen Füßen steht, dann spürt der andere, der weniger Selbstwertgefühl hat: »Da ist eine Verbindung dieses Menschen zu einer Instanz, die ich nicht beschreiben kann. Zu irgendeiner Ebene, zu der ich auch Kontakt haben möchte. Er ist ruhig, er ist ausgeglichen, er ruht in seinem Selbst.«

Er fühlt sich von dir angezogen, weil du erkannt hast, daß du eine Manifestation des göttlichen Prinzips bist. Diese Selbsterfahrung hat dazu geführt, daß dein Selbstbewußtsein gestiegen ist.

Selbstbewußtsein ist die Schiene, über die die Anziehungskraft verstärkt wird. Von der Natur der eigenen Existenz einen höheren Informationsgehalt zu haben als vorher bedeutet: ruhiger, harmonischer, ausgeglichener zu sein, überzeugender, überzeugt zu sein. Es reduziert Ängste, weil Vertrauen wächst.

In dem Maß, in dem Vertrauen sich entwickelt, muß Angst weniger werden. Ein ganz normaler Vorgang. Denn Angst ist nur Abwesenheit von Vertrauen und sonst nichts.

Wer voller Vertrauen ist, wird wenig Angst haben, wird sagen: Es gibt einige Situationen, die es unter Umständen zu berücksichtigen gilt. Aber das Wort »Probleme« ist gestrichen. Probleme, das ist ein Wort, das mit Angst besetzt ist. Das muß nicht sein.

Es gibt unter Umständen Situationen, die es zu berücksichtigen gilt. Mehr nicht. Es gibt Augenblicke, da muß ich die Ärmel hochkrempeln und etwas tun.

Aber es ist immer ein guter Ausgang zu erwarten. Immer das Maximale möglich. Was es dann sein wird, das Maximale, das werde ich dann schon sehen, aber es wird in Ordnung sein.

Wenn ich mein Bestes gebe, wird es nicht zu irgendwelchen Ereignissen kommen können; mein Bestes ist Ursache für sich daraus entwickelnde Ergebnisse.

Das Negative kann nicht eskalieren, wenn ich frühzeitig eingreife. Also ist Aktivität schon notwendig. Damit das Positive wächst und das Negative weniger werden kann.

Wenn du diesen Weg gehst, wirst du innerhalb kurzer Zeit – Wochen, Monate – eine interessante Erfahrung machen: Bekannte kommen auf dich zu und sagen: »Mein Gott, du hast dich so verändert, du bist so selbstbewußt!«

Und da lachst du und sagst: »Kein Wunder! Ich habe mir Gedanken gemacht über die Natur meines Selbst, und das Ergebnis siehst du jetzt. Ich bin ruhiger, zufriedener, ich bin autonomer; ich bin unabhängiger von Äußerem. Ich lass' mich nicht mehr so leicht ärgern oder ins Bockshorn jagen oder einschüchtern. Einfach weil ich mir Gedanken gemacht habe. Wer bin ich – und du siehst jetzt das Ergebnis dieser Frage: Selbsterkenntnis.«

Und wer diesen Weg beschritten hat, der will ja mehr. Dieses Selbstbewußtsein und das positive Feed-back aus der Umwelt tun ja gut. Er macht weiter.

Er beginnt in das, was ihm da bewußt wurde, Vertrauen zu haben. Über die Arbeit an sich selbst erkennt er sein Potential, sein Vermögen.

Das weiter fortzuführen, führt zu einem verblüffenden Ergebnis: zu Faszination, einer Anziehungskraft, die auf der bestbezahltesten Arbeit der Welt beruht – der Arbeit an sich selbst.

Das Gesetz der Anziehungskraft ist also das Gesetz der Resonanz. Wenn du dich in deinem Selbstbewußtsein verändert hast, wenn du in einem Hoch angekommen bist, wirst du auf dieser Ebene Resonanz finden. Denn auch hier geschieht wie in allen anderen Ebenen: Gleich und Gleich gesellt sich gern. Dann kommen andere, die diesem Selbstwertgefühl entsprechen, auf dich zu und suchen deine Nähe.

Wenn du glücklich bist, kannst du glücklich machen! Die täglichen kleinen Freuden, deren du dir bewußt bist, vermittelst du, indem du sie lebst, indem du dich an ihnen erfreust. Deine Selbstentfaltung läßt dich aus Liebe zu dir diese Liebe teilen; du vermittelst gute Gefühle, und das ist wichtig für alle Menschen auf diesem Planeten.

Du kannst durch Vorleben anderen dienen. Das ist eigentlich die schönste und wirkungsvollste Art zu helfen. Und das kannst du natürlich am besten, wenn du entwickelt und entfaltet bist. Wenn du schön bist, gesund und wohlhabend. Das darf nicht so weit gehen, daß du anderen Schmerzen bereitest, das wäre rücksichtslos.

Du kannst schweigen, du kannst dem anderen immer wieder Brücken bauen. Das solltest du auch tun, denn das ist tätige Liebe, die du lernst, wenn du in Entwicklung begriffen bist. Dein Fortschreiten in der Entwicklung, in der Evolution kannst du wunderbar feststellen an deiner fortschreitenden Liebesfähigkeit. Du kannst sehr gut feststellen, ob du etwas ganz zwecklos und uneigennützig von dir geben kannst, ob du etwas geben kannst, ohne etwas zu erwarten.

Übernimm die Verantwortung für dich, dann kannst du die Verantwortung auch teilweise für den anderen übernehmen. Zunächst einmal hast du keine Verantwortung für den anderen, solange du sie für dich selbst nicht hast und nicht haben willst. Bist du total freigeschwommen, handelst du aus einer hohen Verantwortlichkeit heraus, dann werden die Kreise immer größer werden, und du wirst auch den anderen liebevoll leiten, wo immer er hingehen will, ohne selbst in Erscheinung zu treten.

MEDITATION

Der Geist, der Gott erkennen will, muß selbst Gott werden. Wenn du in deinem Partner Gott erkennst, ist es vielleicht leichter, im richtigen Moment bei Meinungsverschiedenheiten zu schweigen.

Später, wenn alle Emotionen und die aufgewühlten Gefühle sich wieder sortiert haben, kann man sich eine Uhrzeit vereinbaren und in Ruhe über alles reden.

Den All-Tag gemeinsam zu erleben, das muß gelernt werden und heißt, jeden Tag aufs neue sich auf den anderen einzustimmen, ihn zu verstehen. Denn Verstehen heißt Liebe, und Liebe wird durch Verstehen ganz leicht gemacht.

Vergiß nie, daß du deine Beziehung selbst ausgewählt hast, ob bewußt oder unbewußt; sie hilft dir für deine Entwicklung und für dein Wachstum, denn du erlebst in einer Beziehung nur das, was du allein nicht erleben würdest.

Es gibt eine wunderschöne Meditation für Paare, aber es sollten beide offen sein dafür (den anderen nicht zwingen). Wenn beide es wollen, kann etwas Schönes geschehen.

1. Übung

Verabredet euch für drei aufeinanderfolgende Tage; die beste Zeit ist abends. Wenn ihr angefangen habt, solltet ihr auch konsequent durchhalten.

Sucht euch gemeinsam einen angenehmen und vertrauten

Platz im eigenen Heim. Gestaltet den Platz schön, mit Dingen, die euch gefallen, wie zum Beispiel Blumen, Kerzen, Räucherstäbchen, wie ein kleiner Tempel.

Wichtig ist, daß ihr ganz, ganz ehrlich und aufrichtig seid. Stimmt euch innerlich gut ein, so daß jeder offen sein kann. Bevor ihr die Übung beginnt, verneigt euch und begrüßt das Göttliche im anderen und wählt, wer beginnt.

1. Tag

Ihr setzt euch Rücken an Rücken, und einer redet über all das, was ihn bewegt, was weh tut und tat, was nicht gefällt, wo er im Moment steht.

Der andere hört nur hin und äußert sich zu dem Gesprochenen überhaupt nicht. Die Aussprache sollte so lange dauern, bis wirklich alles gesagt ist. Laßt euch viel Zeit, und am Ende bedankt ihr euch für das Gesagte und das Hören. Dann trennt ihr euch den Rest des Tages und redet am nächsten Tag **nicht** *über das Gesprochene.*

2. Tag

Am zweiten Tag, wieder Rücken an Rücken, redet der andere, und wieder darf keine Antwort oder Frage gestellt werden. Nur einer spricht, und der andere hört hin! Wenn alles gesagt ist, bedankt ihr euch wieder. Bitte während des restlichen Tages nicht über das Gesprochene reden.

3. Tag

Ihr setzt euch heute gegenüber. Ihr schaut euch zärtlich und lieb in die Augen und schweigt einige Zeit. Nehmt euch selbst auch genauso wahr wie euren Partner. Entspannt euch. Versucht, was möglich ist, und bittet um inneren Frieden und Liebe.

Dann besprecht gemeinsam, was ihr tun könnt, um eure Situation besser zu gestalten, und wie ihr eure Zukunft miteinander einrichten wollt. Vielleicht wollt ihr euch noch einmal erinnern an eine Zeit, wo die Anziehungskraft zwischen euch beiden am stärksten war. Wählt einen Satz oder ein Wort, welches ihr in schwierigen Situationen sprecht, so daß dies gleich wieder Erinnerungen zu diesem Tag bringt.

Am Ende des gemeinsamen Gesprächs meditiert noch einige Zeit und fühlt die Anziehungskraft, denn sie ist die irdische Manifestation eurer Sehnsucht nach dem himmlischen Zustand.

2. Übung

Ihr setzt euch gegenüber, so daß eure Knie sich berühren. Dann reicht euch die Hände und schaut euch an. Nach einiger Zeit legt eure Stirn aneinander und atmet so, daß euer gemeinsamer Atem gleichmäßig ist. Ihr laßt einen Summton mitschwingen.

Stell dir vor, wie der Atem euch verbindet und ihr mit einem goldenen Band, ausgegangen von einem Scheitelchakra zum anderen, verbunden seid. Nach einiger Zeit nimm wahr, daß eure Energie allmählich sanfter wird.

Wenn ihr bereit seid, die linke Hand auf das Herz des Partners zu legen, dann sage: »Mein Herz erfüllt dein Herz« – und gleichzeitig fühle, wie die Herzen mit Licht erfüllt werden.

Nach circa fünf Minuten sprecht euch diesen Text gegenseitig laut vor.

Ich liebe dich und vertraue dir, was immer du auch tust.

Ich liebe und akzeptiere dich, so wie du bist, denn so wie du bist, liebe ich dich.

Ich schenke dir meine Liebe und fühle mich stark und harmonisch mit dir verbunden.

Ich bin glücklich, wenn ich mit dir sein kann und darf.

Ich bin immer für dich da, wenn du mich brauchst.

Ich danke dem Schöpfer, daß du da bist.

Mein Herz erfüllt dein Herz. So ist es.

Anschließend verweilt noch einige Zeit in inniger Verbundenheit, bis ihr eure energetische Verbindung löst.

Wenn eure Hände sich loslassen, wißt ihr, daß ihr immer in geistiger Verbundenheit sein könnt und alles in bester göttlicher Ordnung ist. Spüre die Kraft und Zufriedenheit in euch.

»Danke, daß du mir das alles mitgeteilt hast.«

Miteinander zu reden ist das Wichtigste zwischen zwei Partnern. Nicht über jemanden reden, sondern über eure Gefühle! Nur so kann der andere Wichtiges von dir und über dich erfahren.

SUGGESTIONEN

»Ich lasse alle meine Handlungen und alle meine Gedanken von Liebe erfüllt sein.«

»Ich habe jetzt eine gute, harmonische und befriedigende Beziehung.«

STILLE GEDANKEN

Der Mann ist die Liebe in der Intelligenz, die Frau ist die Intelligenz der Liebe.

11 DAS RICHTIGE PARTEIBUCH ODER: DU BIST UNSTERBLICH

Alle haben eine eigene Meinung von dem Weg, auf dem sie sind.

Das Ziel ist im Ungewissen – im Unbewußten, korrekter gesagt. Es ist uns nicht bewußt; wir hoffen nur, daß es ein Ziel gibt. Wir ahnen auch, wo: Es muß irgendwo vor uns liegen. Vielleicht in einer fernen Zeit oder sogar jenseits der Zeit. Tendiert der Kosmos, die Schöpfung, aus ihrer zeitlich-räumlichen Begrenzung in das jenseits Davorliegende?

Was das wohl sein mag – jenseits der Zeit? Wo doch alles der Zeit unterworfen ist, alles unserer Meinung nach doch einen Anfang und ein Ende hat.

Und da kommt dann die Philosophie und sagt: Nein, wir haben keinen Anfang und kein Ende. In uns ist die Unsterblichkeit. Aber das können wir mit dem Intellekt nicht akzeptieren, nicht verstehen. *Er* kann es nicht verstehen.

Wir sind unsterblich. Wir sind nie geboren worden, und wir werden nie sterben. Alles ist nur Wandel. Als wir geboren wurden, war das nichts anderes als eine Transition. Wir begaben uns von einer Dimension in eine andere, in das physikalische Universum, in das materielle Universum, dorthin, wo Raum ist und wo Zeit ist. Und irgendwann kommt etwas, was wir mit einem Wort bezeichnen, das sehr negativ besetzt ist: Tod.

Und auch das ist nichts anderes als ein Wandel, in eine neue, andere Dimension gehen.

Wer sich mit dem Körperlichen identifiziert, glaubt, dann sei es zu Ende. Weil er ja sieht, daß der Körper nicht mehr funktionsfähig ist. Der andere, der bis zu diesem Zeitpunkt erfahren hat, daß er mehr ist als Materie, als Körper, weiß: Ich gehe jetzt irgendwo hin. In das Jenseits. Und Jenseits ist nichts anderes als die Zusammenfassung von jenseits unserer fünf Sinne, von der Fähigkeit zu *sehen*. Jenseits unserer Fähigkeit zu *hören* – zu *schmecken* – zu *fühlen* – zu *riechen*. Jenseits dieser fünf Sinne ist das Jenseits, und dieses Jenseits ist nicht weit.

Wir wissen aus der Physik, daß wir nur in einem sehr geringen Frequenzspektrum sehen können. Einem kleinen Frequenzspektrum im Verhältnis zum Gesamtfrequenzspektrum der elektromagnetischen Welt. Daß wir im Grunde nur sehr wenig hören von dem, was wirklich akustisch wahrnehmbar ist. Wir wissen beispielsweise, daß Hunde 20000mal besser riechen als Menschen.

Also das Jenseits ist nicht so weit. Dort gehen wir hin – und da hört dann der Intellekt sehr schnell auf. Das kann er nicht verstehen. Er muß das Jenseits aus seiner Sicht als Spekulation bezeichnen.

So wie ein zweidimensionales Wesen nie verstehen könnte, was die dritte Dimension ist, so können wir nicht verstehen, was die vierte oder fünfte Dimension ist. Dazu wäre ein Verstand notwendig, der trainiert wurde, zumindest mathematisch mit anderen Dimensionen umzugehen.

Wir sind nicht auf diesem Planeten erschienen, um nachzudenken, was uns andere vorgedacht haben; wir sind kreativer Geist, der ausschließlich seiner Kreativität wegen auf diesem Planeten in Erscheinung tritt.

Künstler zum Beispiel haben, unbewußt oder bewußt, erkannt: Über meine künstlerische Ader will etwas Ausdruck finden, was die Herzen der Menschen erfreut.

Das gelingt vielen Künstlern, also wird das Produkt gekauft; sie leben davon, haben Freude daran und ihre Käufer auch. Wir sollten also fündig werden, wo unsere Talente liegen, was uns am meisten guttut, wenn wir es kreieren, schöpfen, schaffen. In diesen Kosmos bringen, wo unsere Berufung liegt, das sollte unser Beruf sein. Viele gehen einer Beschäftigung nach, weil, wie sie sagen, man ja mit irgend etwas sein Geld verdienen muß. Schrecklich, sich um des Geldverdienens willen ein Leben lang zu vergewaltigen! Das ist doch gar nicht nötig. Wir haben viele Möglichkeiten, das anzuziehen, was wir brauchen.

Suchen wir doch die Möglichkeit, die uns am angenehmsten ist, die am leichtesten fällt, bei der wir am allermeisten Freude haben. Das, was wir gerne machen, machen wir gut. Das, was wir gut machen, wird man uns auch gerne abnehmen.

Wo auch immer du existent bist, wo auch immer du etwas tust, mache es so gut, wie du es nur irgend kannst. Merkst du aber, daß du innerlich nicht beteiligt bist an dem, was du tust, ist es sicherlich nicht das, was durch dich Ausdruck finden will. Dann nimm dir einen Rucksack, reise ins schöne Teneriffa, und wandere eine Woche, zwei, drei Wochen allein durch die Berge, bis du dir bewußt wirst, wo eigentlich deine Berufung liegt, wo deine Talente sind.

Dann solltest du dieser Erkenntnis entsprechen. Eine Erkenntnis, die sich nur im Kopf befindet, nützt nichts. Wir sollten sie mit Leben erfüllen, sie praktizieren.

Wir sollten den Wunsch haben, eine Tätigkeit auszuüben, die uns befriedigt – unsere Berufung finden. Sonst wird Unzufriedenheit das vorherrschende Gefühl sein. Wer zuwenig Geld hat, verrichtet die falsche Arbeit. Innerhalb deiner Talente liegt die Freude, die durch dich zum Ausdruck kommt, doch wesentlich offener. Die Welt braucht Talente, weil sonst Freude fehlt.

Da ist keine Instanz, die dir deine Wünsche verwirklicht oder vorenthält. Du bist es selbst.

Da ist kein Widerstand. Wünsche gehen dann nicht in Erfüllung, wenn sie unrealistisch sind. Sind sie aber realistisch, und sie realisieren sich trotzdem nicht, dann liegt es daran, daß du zweifelst.

Sei ehrlich zu dir: Zweifelst du an deiner Wunschverwirklichung, oder glaubst du wirklich daran? Denn nur da liegt der Grund, sonst gibt es keinen! Die Geistigen Gesetze sind allgegenwärtig und funktionieren. Was kannst du gegen dein Zweifeln unternehmen? Du kennst die Antwort bereits: nachdenken, denken, meditieren. Verändere dein Selbstwertgefühl!

Für mich persönlich war der schönste Weg zur Veränderung meines Selbstwertgefühles, wieder mit Gott zu kommunizieren.

Anfangs war es ein bißchen schiefgegangen. Ich hatte Beten mit Bitten verwechselt.

Dann verstand ich, daß das, was ich erbitte, nicht deswegen zu mir kommt, sondern daß ich dankbar sein sollte für das, was ich habe. Also dankte ich Ihm für alles das, was ich habe, und für das, was ich haben wollte. Ich dankte Ihm, als sei es bereits Realität. Ich führte diesen Dialog – ich sprach mit Ihm und spreche mit Ihm.

Fühle dich als einer der Seinen! Man sagt heute in unserer Gesellschaft: Man muß das richtige Parteibuch haben, dann geht's einem gut, wenn man in öffentlichen Ämtern ist. Stimmt. Ich empfehle dir: Hab prinzipiell das richtige Parteibuch! Sei einer der Seinen, sei einer GOTTES. Einer mit GOTT ist immer die Mehrheit, wer könnte wider dich sein? Sagt die Bibel.

Verbünde dich wieder mit Ihm. Erwecke Ihn in dir zum Leben. Erkenne an, daß GOTT nicht irgend etwas Abstraktes ist, irgendeine Gesetzmäßigkeit, sondern daß es ein lebendiger GOTT ist. Daß dieser GOTT ein GOTT ist, im Land der Lebenden.

Denn der GOTT irgendwo im Universum interessiert uns

nicht; im Land der Lebenden, auf dieser Erde, gibt es etwas, was wir mit GOTT bezeichnen. Beginne einen Dialog!

Bete, indem du ein Gespräch mit Ihm führst, ganz normal mit Ihm redest. Bitte Ihn, dich zu führen, deine Gedanken auszurichten.

Für mich war diese Kommunikation ein ganz wichtiger Schritt. Ich bat Ihn darum, dienen zu dürfen. Etwas geben zu dürfen, das von Ihm kommt. Das in diese Welt hinein will.

Ich erkannte die Notwendigkeit, mich zur Verfügung zu stellen. Ich wurde ein Meister im Verwirklichen meiner Vorstellungen, meiner Wünsche, und dann war soviel da, daß ich merkte: So viel brauche ich gar nicht. Gott hat mir alles das gegeben, worum ich ihn gebeten habe.

Dann kam der Punkt – ein wichtiger Schritt, den wir alle irgendwann vollziehen können –, an dem ich Ihn bat: »Nicht mein Wille, sondern Dein Wille geschehe. Führe Du mich.« Und er führt mich zur rechten Zeit, zum rechten Ort. Es geschieht weniger, aber Wesentlicheres und Befriedigenderes. Und das kannst du auch haben.

Sei zunächst ruhig einmal ein Meister der Imaginationsfähigkeit. Verwirkliche alles Mögliche! Du solltest haben, was du haben willst, aber – das ist wichtig – es sollte moralisch und ethisch sein. Viele sind erfolglos, weil sie unethisch sind.

Aber du wirst deswegen nicht zufriedener sein. Und dann wirst du erkennen, daß deine Wünsche dich in die falsche Richtung geführt haben. Es ging meistens um Macht, um Materialisation, um das Materielle. Dann kommst du irgendwann an die Stelle, wo du eingestehst: Ich glaube. Er weiß doch besser, was für mich gut ist. Werde dir bewußt, daß du nichts tun kannst, um aus der göttlichen Liebe herauszufallen. Du bist aus Liebe, in Liebe gemacht; das Motiv für dich, für deine Existenz und das Ziel ist allein die Liebe. Du bist aus einem lustvollen Gedanken deines Schöpfers entstanden.

Alle Wege gleichen sich, sie führen nirgendwo hin. Es sind Wege, die durch das Dickicht, in das Dickicht oder unter das Dickicht führen. Die einzige Frage ist, ob dieser Weg ein Herz hat. Wenn ja, dann ist es ein guter Weg. Wenn nein, dann ist er wertlos.

Du bist der Quell, fange du an, glaubwürdig zu sein für dich selbst. Und wenn du dich erkannt hast als wahrhaftig, dann wirst du diesen Glauben an dich auf andere übertragen. Treffe eine generelle Entscheidung: dafür zu sein.

Zu glauben.

MEDITATION

HERR, laß mich sein, wie die Erde ist! Von Anbeginn der Zeit ist alles gestorben und zu Erde geworden, und doch ist die Erde die Mutter allen Lebens. Die Erde fragt nicht, ob der Sämann gerecht oder ungerecht ist. Sie nimmt an – gibt Kraft –, läßt gedeihen und wachsen. Laß mich sein, wie die Erde ist – laß mich wie die Erde annehmen, wo man mir gibt, und tausendfach zurückgeben, was ich bekommen habe. Die Erde ist verwandelbar. Sie ändert sich Stunde um Stunde, Tag um Tag, und doch bleibt sie stets gleich. Die Einsamkeit der Wüste und der Berge schafft Abstand zu den lärmenden und glitzernden Dingen unserer Welt und gibt Klarheit und Ruhe. HERR, laß mich sein, wie die Erde ist, klar und ruhig. Laß mich verwandelbar sein, wie die Erde ist.

Laß mich sein!

12 HEUTE IST DER ERSTE TAG VOM REST DEINES LEBENS

Hast du dir schon immer gewünscht, reich zu sein? Es ist alles im Absoluten vorhanden. Du bist ein Kind dieses göttlichen Prinzips. Wenn Gott der Besitzer ist, dann bist du der Verwalter seines Reichtums, und du hast damit Zugang zum Absoluten, zu allem.

Hätten wir eine klare Einstellung zu Wohlstand, wären unsere Verhältnisse im Außen genauso klar wie im Innen. Entscheiden wir uns auch mit derselben Bewußtheit und Klarheit, dann können all unsere Verhältnisse nur diesem Gedanken entsprechen. Die Folge wird sein: Unsere Realität ist plötzlich konstruktiv und in vielfältiger Form angenehm.

Läßt du dich durch ein Nichtakzeptieren von Reichtum stören, reich zu sein, ist das vor allem ein Fluchtpunkt deines Intellekts. In dem Moment, in dem du das erkennst, kommt dir dieses selbstgeschaffene Problem lächerlich vor. Du siehst, daß du innerlich noch nicht für diesen Schritt bereit warst, denn sonst würde dich ein belangloser Einwand, wie logisch auch immer er sich anhören mag, nicht davon abbringen, endlich so zu sein, wie du möchtest.

Du bist aus Routine noch alten Verhaltensmustern gefolgt. Da kennst du dich aus, und das vermittelt dir ein sicheres Gefühl – leider nur in bezug auf deine Negativität. Deinen Neid, den du anderen Reichtümern gegenüber empfindest, verkleidest du mit »Gott sei Dank bin ich nicht so reich, schau dir den an, ist das nicht unverschämt, nur weil er Geld hat...« Damit hast du von deinen negativen Gedanken abgelenkt.

Freue dich, daß dies soeben geschehen ist – dank deines Intellektes hast du dir ohne dein Wollen und Dazutun eine Erkenntnis geschenkt. Auch wenn sie weh tut, gerade dann, sieh hin! Denn du weißt ja: Das, was sich in Leid ausdrückt, ist von dir nicht zugelassene Freude.

Ja, auch Neid und Eifersucht wollen in irgendeiner Form gelebt werden, um dann transformiert zu werden. Die Existenz von negativen Gefühlen läßt sich niemals lange leugnen, denn sie beinhalten die größten Chancen, wichtige Erkenntnisse zu leben. Sie existieren nicht, um dir Leid und Schmerz zuzufügen, sondern machen durch alarmierendes Klingeln in deinem schwerhörigen Inneren aufmerksam auf etwas, was du nicht anerkennst. Erst nach langem Daueralarm schlagen diese Gefühle um in körperlichen Schmerz. Das erklärt den Sinn von »Wer nicht hören will, muß fühlen, muß leiden.«

Bist du mir mit deinen Gefühlen gefolgt, dann hast du jetzt eine Ahnung, was geschieht und geschehen kann.

Bleibe in deinem Gefühl, erleichtere dir das, indem du an die Liebe denkst. Erinnere dich daran, daß Liebe immer ist, daß alles nur geschieht, um dem Motiv, dem Sinn und Zweck der Liebe zu dienen. Wir wissen, daß das einzige, was immer gleich ist und sein wird, nur der Wandel ist, daß der Wandel das einzig Beständige ist.

Wie groß muß doch dann die Liebe unseres Schöpfers sein, wie groß die Zuversicht, wie tief das Lächeln, mit dem er uns in unserem Tun zusieht, wissend, daß wir dieser, seiner Liebe immer und überall begegnen und ihr niemals ausweichen können!

Ein winziger Funke deines Bewußtseins in diese Richtung genügt schon. Öffne die Tür zu deinen Gefühlen, wo auch immer sie sein mag, nur für einen einzigen Moment, und du wirst nie wieder in deinem Leben, in deiner ganzen Existenz die Chance haben, dieses neue Bewußtsein zu vergessen oder zu löschen! Vielleicht wird dir jetzt auch klar, wieviel dazu gehören muß, sich dieser Liebe, diesem Reichtum zu verschließen, und wie meisterhaft du das beherrschst. Und dann wirst du eines Tages feststellen, daß die Mauer, die dich einengt, nicht aus Zweifel, nicht aus Angst, und auch nicht aus Negativität besteht, sondern einzig und allein aus Liebe, daß sie dich nicht behindern kann, sondern mit ihrer Existenz nur daran erinnert, was wirklich ist und letztendlich sein wird. Denn nur wenn der Sinn und Zweck für alles die Liebe ist, wirst du irgendwann in dieser Existenz bereit sein, dir in allem, was du erlebt und erfahren hast, dieser Liebe bewußt zu sein. Diese Liebe selbst zu sein!

Das einzige, was beständig ist, ist der Wandel.

Willst du erleben, was du schon erlebt hast, willst du wiederhaben, was einmal war, wirst du enttäuscht sein. Das, was du heute erlebst, ist unwiederbringlich, es wird sich nie mehr in deinem Leben wiederholen.

Wenn es so bleiben würde, wie es heute ist, wäre es traurig; dann wäre kein Wachstum möglich. Morgen und übermorgen kann es viel schöner sein.

Wenn du aber willst, daß es so bleibt, wie es heute ist, läßt du nicht zu, daß etwas Neues geschehen kann. Die Zahl der Möglichkeiten ist unendlich. Jede Wiederholung verhindert allein durch ihren Zeitbedarf das Neue, das eigentlich werden wollte. Wiederholungen lassen dich auf der Stelle treten, du kommst nicht weiter.

Also hoffe niemals, daß es so wird, wie es einmal war! Hoffe immer, daß es schöner wird, als es einmal war. Und es wird so sein.

Wichtig ist, offen zu sein für das Neue. Gib dich nicht mit dem Spatz in der Hand zufrieden. Öffne deine Hand, und warte auf die Taube. Überlasse dich dem Strom des Lebens.

An eben diesem Punkt setzt die von uns praktizierte und in ständiger Entwicklung befindliche Hypnosetherapie an. Sie zielt darauf ab, dem Suchenden/Patienten dabei zu helfen, die verlorene Harmonie wiederzufinden.

Zunächst lernt der Patient loszulassen, aus seinem Wollen herauszugehen. Er gewinnt Vertrauen zu sich – und zu der Therapie.

Dann wird er zurückgeführt in seine Vergangenheit, um sie loszulassen und segnend zu überwinden. Eines der Ziele dieser Phase ist es, daß der Patient lernt, seine Fähigkeit zu verzeihen einzusetzen. Denn sie ist eine der großartigsten Fähigkeiten, die wir besitzen.

Das Bewußtsein zu verzeihen, was in unseren Augen in der Vergangenheit nicht vollkommen war, läßt die Fähigkeit in uns erwachen, alles, was war, zu segnen. Denn erst wenn wir verzeihen, sind wir wirklich frei für das, wonach wir uns sehnen. Offen genug für das Vertrauen, aus welchem Toleranz gegenüber der eigenen Vergangenheit entsteht.

Die letzte und entscheidende Phase, die wir erst beginnen können, wenn der Patient den vorausgehenden Schritt getan hat, ist, seinen Geist, seinen Blick auf das zu richten, was er möchte.

Loslassen, verzeihen, segnen. Erst jetzt sind Bewußtsein und Unterbewußtsein offen und empfänglich für das, was »Positives Denken« genannt wird. Jetzt erkennt der Patient seine Möglichkeiten auf der »Sonnenseite des Lebens.«

Mit Hilfe von konstruktiven, lebensbejahenden Suggestionen wird ein neuer Inhalt in das Unterbewußtsein gelegt, dessen Folge ein neuer Lebensinhalt des Patienten sein wird. Bis dahin ist er durch diesen letzten gemeinsamen Schritt mit uns soweit angeleitet, zukünftig eigene Suggestionen zu finden, die seine Individualität auf eine ganz persönliche Art und Weise ansprechen und ihm helfen, sich zu entfalten.

Mit Hilfe seiner Suggestionen, die irgendwann zu Glaubensinhalten heranreifen, kann der Mensch nun unabhängig von uns und anderen seinen neuen Weg gehen.

Wir verstehen unsere Therapie darin, als Therapeuten den Patienten an dessen Fähigkeiten zu erinnern und ihm zu helfen, mit diesen Talenten alles in das für ihn Beste und Förderliche zu transformieren. Ein bewußter Therapeut kann dem Menschen, der Hilfe sucht, zur Autonomie und Selbständigkeit verhelfen. Ein Therapeut ist für die Zeit des gemeinsamen Weges der Freund, der Vater, die Mutter, der Weise und der Liebende, der seinem Patienten die Hand reicht; ein Mensch, der hin- und zuhört, ein Freund, der klar und liebevoll fragt und antwortet. Nur in dieser Nähe, im intensiven Austausch aller Gedanken und Gefühle sind Therapeut und Patient geheime Verbündete, bis zu jenem Moment, in dem im Patienten der eigene Therapeut und Freund fürs Leben erwacht, um fortan in diesem Urvertrauen und Bewußtsein zu leben.

Ziel unserer Therapie ist es, über erweitertes Bewußtsein die eigene Autorität über die Ereignisse im Leben zurückzugewinnen. Wer sich selbst erkennt, weiß, wozu er fähig ist, und das Ende der Angst ist absehbar.

Vertrauen in jeder Lebenslage hält Krankheit, Sorge und Not fern. Wenn du dich selbst erkennst, weißt du um deine Kraft, und im selben Umfang dieses Erkennens vergrößert sich das Potential.

Das Maß meiner Selbsterkenntnis ist das Maß aller Dinge. Weiß ich um meine Fähigkeit, ist dieses Wissen Macht. Hänge dir an deinen Spiegel einen Zettel, auf dem folgende Sätze stehen:

»Ich strahle Freude aus.«

»Ich bin voller Vertrauen.«

»Ich bin eine starke, positive Persönlichkeit.«

»Das Heitere ist Meister meiner Seele.«

Ein schönes Beispiel aus dem Alltag dazu: Vor einigen Jahren machte ich eine Busreise. Ich saß genau über der Achse, und einer der Reifen hatte einen Schaden am Mantel. Bei jeder Umdrehung hörte ich: »Tack. Tack. Tack...« Fünf Stunden lang. Es gab nur zwei Möglichkeiten: vor Wut explodieren – oder die Situation zum Positiven zu wenden.

Also dachte ich mir eine Suggestion aus, die ich mit jedem »Tack« wiederholte. Wieder und immer wieder.

Eine positive, konstruktive, lebensbejahende Affirmation.

Ein Leben lang werde ich das nicht vergessen.

Nie zuvor in meinem Leben hatte ich fünf Stunden lang konstruktive Suggestionen in mein Unterbewußtsein hineingelegt! – Und das nur, weil da eine Stelle im Mantel des Reifens defekt war.

Positives Denken heißt: Suchen, was ich am besten aus einer Situation machen kann.

Vertrauen? Ja!

Ängste? Nein!

Überprüfe deine Einstellung, wie oft du dagegen bist. Wie oft sagst du: »Ich hasse.«? Wie oft sagst du: »Ich liebe.«? Fange an, jeden Tag ein bißchen mehr DAFÜR zu sein. Und suche etwas, wo du DAFÜR sein kannst. Fülle deinen Geist nicht ständig mit Situationen, die nicht gut sind. Es gibt schon genug. Zu viele sogar.

Und akzeptiere einmal die Aussage: Es gibt nur so viele Probleme, weil wir uns so viel mit Problemen beschäftigen.

Die Schöpfung ist durchdrungen und getragen von Ordnung wie eine Symphonie. Und wie in einem Orchester trägt jedes einzelne Glied dieser Schöpfung die Verpflichtung zur Einheit in sich. Es ist unsere Aufgabe, wieder zur Einheit zurückzufinden. Ist dieses Streben gestört, entsteht Disharmonie und als ihr äußeres Zeichen Krankheit. Da es unsere Aufgabe ist, zur

Einheit zu streben, muß auch die Fähigkeit, sie wieder zu erlangen, in uns liegen.

Die Ursache jeder Krankheit liegt stets im Denken. Der Zustand unseres Körpers ist nur die sichtbare Information der Art und Weise unseres Denkens. Überall beklagen sich die Menschen zwar über ihre Krankheiten und verlangen sofortige oder doch schnelle Hilfe durch Medikamente und Behandlungen; gleichzeitig aber lehnen sie es ab, das einzig Richtige zu tun: ihr Denken, Fühlen und Handeln zu verändern.

In der Art der Erkrankung zeigt sich auch die Art der Disharmonie des Denkens. Solange wir glauben, daß die Eltern, die anderen, die Umstände oder die Zeiten schuld sind, so lange können wir nicht wirklich gesund werden. Wir müssen daher erkennen, daß wir zunächst in einem viel tieferen Sinne krank sind, bevor wir körperlich erkranken. Das, was wir Krankheit nennen, ist eigentlich der Versuch des Organismus, die Harmonie wiederherzustellen. Auch genügt es nicht, das Symptom zu beseitigen – die Krankheit wird dadurch nicht berührt. Heilung bedeutet, zurückzufinden zur Ganzheit, zum »Heilsein«, und das kann nur durch eine *wesentliche* Änderung erreicht werden. Daher ist Krankheit eine Botschaft, auf die wir oft nicht verzichten können.

Jede physische Heilung ist nur dann berechtigt, wenn sie sich an eine geistig-seelische Wandlung anschließt. Einen Menschen zu heilen heißt daher auch nicht, ihm zu helfen, den alten Zustand wiederherzustellen. Denn schließlich war es ja gerade der, der die Krankheit »notwendig« machte. Heilung heißt vielmehr, ihn zur Ganzheit zu führen. Was wirklich heilt, ist die Heilkraft der Natur, die zu wirken beginnt, sobald das Hindernis in unserem Verhalten beseitigt ist. Eine wirkliche Heilung führt daher immer zu neuen Erkenntnissen und damit zu einer Erweiterung des Bewußtseins.

Auch wenn wir »nur« gelangweilt, unzufrieden oder ängstlich sind, zeigt dies, daß wesentliche Bedürfnisse nicht mehr ausreichend befriedigt werden, was irgendwann zu einem körperlichen Symptom führt. Besser ist es, den Mangel gleich zu erkennen und zu beseitigen. Dabei liegt der Mangel in Wirklichkeit nie außen, sondern immer in uns.

Menschen mit diesen sogenannten »psychosomatischen« Erkrankungen neigen aber dazu, gerade diese Wahrnehmungen zu ignorieren. In welchem Stadium sich eine Erkrankung auch befindet – immer steht dahinter ein ungelöstes Problem, die Unfähigkeit oder Unwilligkeit, auf bestimmte Anforderungen des Lebens richtig zu reagieren. Das Symptom macht uns also lediglich auf eine bestimmte geistige Fehleinstellung aufmerksam und fordert zu einer Korrektur auf.

Dazu gehört auch, daß wir bewußt darauf achten, was wir uns zu Gemüte führen, das heißt, was wir essen, lesen, einfach alles, womit wir uns beschäftigen, uns umgeben – daher sollten wir negative Eindrücke möglichst meiden. Unsere Zellen speichern nämlich die aus der Umwelt aufgenommenen krankmachenden Einflüsse so lange, bis das Maß voll ist, bis die gesunde, lebenserhaltende Schwingung von der krankmachenden Schwingung der negativen Eindrücke übertönt wird. Dann bricht die Krankheit aus. Jeder Gedanke und jedes Gefühl lösen im Körper einen bestimmten chemischen Prozeß aus, wobei Stoffe entstehen, die dem Charakter des Gedankens oder des Gefühls entsprechen.

Krankheit ist physischer Ausdruck einer geistig-seelischen Disharmonie. Und die ist weder durch Pillen noch durch Spritzen oder Operationen zu beseitigen, sondern *nur* durch eine Änderung unseres Denkens. Eine Therapie besteht darin, die geistige Fehlhaltung bewußt zu machen und – wenn wir dazu bereit sind – zu beenden. Blockaden zu lösen, unseren Weg zu erkennen, unsere Kräfte zu entfalten und unsere Fähigkeiten zu entwickeln – mit einem Wort: *bewußt – zu – sein.*

Der erste Schritt zur Heilung ist die Bereitschaft, uns mit unserer Krankheit zu konfrontieren und die eigentliche Ursache zu erkennen, die geistig-seelische Ursache. Diese Auseinandersetzung führt immer zu größerer Selbsterkenntnis, mit der Bereitschaft, uns mit uns selbst auseinanderzusetzen.

Hier wird eine fast unübersehbare Palette an Angeboten präsentiert, wie Psychoanalyse, Gestalttherapie, Rebirthing, Gesprächstherapie, Tantra, Rolfing und vieles andere mehr. Eine enorme Anzahl psychotherapeutischer *Heran*gehensweisen ist bekannt für die Wege zum Selbst, zur Ganzheit, zur Einheit, zum Lebenssinn, zur Mitte, zur Einheit mit dem Kosmos, zur Selbstverwirklichung. Wir leben zwischen Hoffnung und Mißtrauen. Wenn die eine Therapie nicht hilft, dann muß oft eine andere her. Welche Therapie ist die richtige für mich? Welcher Zeitpunkt ist der beste – für den Beginn und für das Beenden einer Therapie?

Jede Therapieform hat das Ziel, uns psychisch zu stützen, zu stärken und unser seelisches Gleichgewicht zu stabilisieren. Wir sollen während der Therapie erkennen, daß wir selbst aktiv an den Vorgängen unseres Lebens, unserer Krankheiten beteiligt sind und daß wir deswegen auch aktiv an unserer Heilung mitwirken können.

Die Grundlage vieler Therapieformen ist die eines tiefen Entspannungszustandes. Denn in diesem entspannten Zustand sind wir neuen Erkenntnissen und Einsichten wesentlich offener als im Wachzustand. Wir lernen zuerst, uns tief zu entspannen. Bereits diese tiefe Entspannung bringt häufig eine Linderung der Symptome mit sich. Wir erleben uns oft für kurze Zeit schmerz- und störungsfrei und fassen neuen Mut, uns mit den psychischen Ursachen des Leidens auseinanderzusetzen.

In diesem tiefen Entspannungszustand können wir uns in spontan auftretende Farb- oder Bilderlebnisse versenken. Wir werden an Situationen herangeführt, die einen starken emotionalen Bereich berühren. Dadurch können Konflikte nacherlebt werden, entweder symbolisch oder indem wir von den vorgegebenen Bildern zu den problematischen Situationen in unserem Leben »weiterwandern«. Dabei kann der Therapeut das Bilderleben lenken und verstärkend eingreifen.

Der Weg zur Heilung führt durch Dimensionen, die hinter der Ebene der Symptome liegen. Dieser Weg setzt aber eine gewisse Offenheit und Mut voraus, auch das sehen zu wollen, was nicht angenehm ist, was bekämpft oder ignoriert wird.

Erst wenn diese verdrängten Bewußtseinsinhalte betrachtet werden, wir uns mit ihnen vertraut gemacht haben, ist eine Versöhnung möglich. Es wird klarer werden, daß die Ursache für Konflikte immer auf die alleinige Verantwortung für die Situation zurückzuführen ist. Dies ist der Ausgangspunkt für die Bewußtwerdung. Durch das Auflösen aller Knoten werden seelische und körperliche Energien frei, die im Alltag konstruktiv und kreativ genutzt werden können, sei es in Beruf oder Beziehung. Letztes Ziel einer Therapie ist Freiheit von unseren Vorstellungen, von dem, was wir *vor* die Wahrheit, das Glück, unser innerstes Selbst gestellt haben.

Jede Therapieform bietet die Möglichkeit, demjenigen hilfreich zur Seite zu stehen, der bereit ist, intensiv und konsequent den Prozeß zum Heilwerden zu beschreiten. In einer liebevollen Umgebung, in der Vertrauen, Intuition und Mitgefühl erfahrbar werden, ist eine tiefgreifende Therapie am wirkungsvollsten. Jede angewandte Therapie trägt zum persönlichen Wachstum und zur Entfaltung des eigenen Potentials bei: zu einer individuellen Persönlichkeitsentwicklung in einem ganzheitlichen Prozeß.

Es ist wichtig, zu einer klaren Selbstwahrnehmung von Körper und Psyche bzw. deren Reaktion aufeinander zu gelangen, bestimmte verfestigte Körperhaltungen, die entsprechende Verhaltensweisen offenbaren, wahrzunehmen und neue Möglichkeiten der Verhaltensänderung zu bewirken. Erst wenn der Körper in seiner momentanen Haltung erfahrbar wird, ist die Möglichkeit für eine grundlegende Veränderung gegeben. Eine Grundvoraussetzung dafür ist das Erlernen der Körpersprache, um die indidviduelle Körpergeschichte zu »begreifen« und mitzufühlen. So wird die Voraussetzung geschaffen, um sich zu höherem Bewußtsein zu entwickeln und sich in Gesundheit in allen angelegten Fähigkeiten zu entfalten.

Geistige Heilung erfordert keine Techniken, sondern spirituelle Einstimmung und aufrichtiges Mitgefühl. Was vordergründig vielleicht vielen Menschen als grausam erscheinen mag, ist in Wahrheit Ausdruck von Weisheit und Liebe im Hinblick auf unseren seelisch-geistigen Fortschritt. Der Sinn des Lebens wird transparent.

Wir sollten für unsere Probleme und Leiden dankbar sein, da wir nur dadurch die für unser Leben und unser Wachstum wichtigen Erfahrungen machen.

Nach Paracelsus gibt es keine Krankheiten, sondern nur kranke Menschen. Es gibt demnach auch keine Heilmittel gegen Krankheiten, sondern nur Heilkräfte, die dem Kranken die Möglichkeit zur Selbstheilung bieten.

Wenn wir also gesund sein möchten, geht es nicht ohne unsere aktive Mitarbeit. Dem festen Willen zur Gesundung, dem Vertrauen, daß wir wirklich gesund bleiben können.

Krankheit ist also weder Grausamkeit noch Strafe, sondern eine korrigierende Maßnahme der Seele, um uns auf Fehler hinzuweisen, um uns vor größeren Irrtümern zu bewahren. Echte Heilung ist immer mit einem inneren Wachstumsprozeß verbunden. Bei allen Therapieformen geht es letztendlich darum, den Patienten auf seinem Weg zu begleiten, damit er sich wieder als Ganzes, als untrennbare Einheit von Körper, Seele und Geist erkennen lernt.

Therapie bewirkt, den individuellen Weg zu finden – und dieser führt zu einer größeren, ganzheitlichen Persönlichkeit, zum SELBST. Wir werden dadurch aufgefordert, alles bewußt zu erkennen und zu verwirklichen. Das ist oft recht schwierig – denn man sieht ja nicht nur Positives, sondern eben auch das Negative.

Therapie soll Raum dazu geben, alle Konditionierungen, die wir als Kind erlernt haben, als solche zu erkennen. Die übernommenen Werte und Verhaltensmuster sind etwas Erlerntes, an dem wir festhalten, weil wir glauben, dies zu sein.

Therapie kreiert Bewußtsein. Sie sollte Raum geben für Gefühle wie Trauer, Wut, Schmerz über Enttäuschungen und Verletzungen, die wir erfahren haben. Diese Gefühle haben wir nicht zugelassen oder ausgedrückt, weil wir als Kinder abhängig sind von der Liebe und Zuwendung der Eltern. Dieselbe Abhängigkeit wiederholt der Erwachsene und macht sich zum Opfer. Selbstachtung und Selbstverantwortung sollte Therapie bewirken.

Meist sind die Probleme des Patienten nicht sehr unterschiedlich von denen des Therapeuten. Was der Therapeut tun kann, ist, daß er mit seinem Klienten *teilt*. Er teilt seine Erfahrung, vielleicht ein paar Techniken, die er erlernt hat. In dieser Atmosphäre des Teilens, in der beide lernen, weil es sich um die gleichen Probleme handelt, sind Offenheit und Vertrauen möglich.

Das wichtigste Element im Verhältnis zwischen Patienten und Therapeuten ist: *Vertrauen.*

Wenn wir erkennen, daß das Leben ein ständiger Lernprozeß ist, und wir alles, was auf uns zukommt, annehmen lernen, ohne zu bewerten; daß das Leben schön ist, großartig, einzigartig in seiner Vielfalt: dann geschieht Heilung.

Erst wenn ich dies erkannt habe, erfahren und durchlebt habe, kann ich mir und anderen helfen. Dies ist eine sehr verantwortungsvolle Aufgabe, die viel Vertrauen, Offenheit, Erkenntnis, Liebe und Verständnis erfordert. Dazu beizutragen, ist mein innigster Wunsch.

MEDITATION

Setze oder lege dich bequem hin, achte auf deinen ganz leichten und natürlichen Atem. Bei jedem Atemzug wirst du entspannter. Mache eine Blitzaufnahme deines Körpers. Wo Verspannungen sind, atme weißes Licht ein und entspanne. Spüre, wie du mit jedem Atemzug mehr Energie in dich aufnimmst. Spüre die Energie deines Körpers.

Stell dir vor, daß Geld flüssig gewordene Energie ist. Stell dir vor, du öffnest dich für die Energie und für den Überfluß. Geld ist für dich in Fülle vorhanden und kommt aus allen Richtungen. Stell dir vor, was du dir mit Geld alles erfüllen kannst! Fühle das Geld und höre, wie der Schein knistert und der Groschen klimpert. Spüre, auf welche schöpferische, gute Weise du Geld ausgibst und wieviel Gutes du damit tun kannst.

Sei dir bewußt, daß Geld leicht zu dir kommt, liebe es, denn alles, was du liebst, kommt zu dir. Heiße es willkommen und achte und respektiere Geld als eigenständiges Wesen. Fühle und stell dir vor, daß du unbegrenzten Vorrat an Geld hast und daß du ganz dankbar bist für diesen offenen Energiekanal Geld.

SUGGESTION

Ich bin eine Quelle des Reichtums in einem reichen Universum.

Mache diese Meditation etwa eine Woche lang täglich. Und achte darauf, ob sich einige erfreuliche Dinge für dich ergeben.

Ich mache diese Meditation oft morgens, wenn ich noch im Bett liege, zusammen mit einer Vorstellung vollkommener Gesundheit.

Sei dir der Tatsache bewußt, daß du dein machtvolles und umfangreiches Unterbewußtsein darauf einstellst. Dein Reichtum ist eine innere Haltung, die wir uns ganz bewußt mit der Kraft unseres Geistes schaffen können. Probiere es aus, dann wirst du es erleben.

AFFIRMATION

Mache es dir bequem, entspanne dich, schließe deine Augen, und atme drei tiefe Sch Sch Sch aus, so tief du kannst.

Sieh und spüre die strahlende Gesundheit deines Körpers. Spüre, wie die Lebensenergie durch dich strömt, dich reinigt und heilt.

Wiederhole die Sätze:

»Mein Körper ist vollkommen gesund. Ich bin mit meinem Körper in Einklang und Harmonie.«

Wichtig ist, daß du dir das bildhaft vorstellst und glaubst, was geschehen soll.

Und je öfter du die Affirmation wiederholst, um so stärker wird sie.

Deine Gesundheit wird bestimmt durch die Vorstellungen, die du dir machst.

13 KRAFTZENTRALE UNTERBEWUSSTSEIN

Eines Nachts träumte ich, daß ich mit Gott an meiner Seite den Strand entlanglief, und vor uns erschienen Bilder aus meinem Leben am Himmel.

In jeder dieser Szenen bemerkte ich zwei Paar Fußspuren: Eine stammte von mir, die andere von Gott.

Als die letzte Szene meines Lebens vor uns auftauchte, sah ich zurück auf die Fußspuren im Sand und entdeckte, daß viele Male nur *ein* Paar Fußspuren auf dem Pfad meines Lebens zu sehen war. Ich registrierte auch, daß dies ausgerechnet während den schwersten und härtesten Zeiten meines Lebens der Fall war.

Darüber war ich sehr betroffen, und so fragte ich Gott danach: »Vater, du sagtest, daß, wenn ich mich einmal entschieden habe, dir zu folgen, du mir zur Seite stehen würdest. Aber nun stelle ich fest, daß während dieser schweren Phasen meines Lebens nur eine Fußspur zu sehen ist. Ich verstehe nicht, warum du mich in den Zeiten, wo ich dich am meisten brauchte, verlassen hast!«

Und Gott antwortete: »Mein geliebtes Kind, ich liebe dich, und ich würde dich nie in Zeiten von Leiden und Irrwegen im Stich lassen. Als du nur eine Fußspur bemerktest, so war das während der Zeiten, als ich dich getragen habe.«

In diesem letzten Kapitel möchte ich dir ein einfaches, aber sehr nützliches Handwerkszeug vermitteln. Ich spreche von deinem Unterbewußtsein, von seiner Funktion, seinen Fähigkeiten und Möglichkeiten.

Deinen Fähigkeiten und Möglichkeiten. Denn mit Selbsthypnose, mit autogenem Training, in der Arbeit mit Suggestionen kannst du deinem Unterbewußtsein in einer hohen Intensität vermitteln, was du möchtest.

Das Unterbewußtsein ist so einfach in seiner Struktur und in seinem Aufgabenbereich, daß uns das schon fast nicht verständlich ist. Wir wissen zwar, daß das Geniale das Einfache ist, das Einfache das Geniale, aber wir können es nur schwer umsetzen. Setze dem Unterbewußtsein das vor, was du möchtest, daß es ist. Setze es ihm vor in Form von Gedanken! Denke dir das aus, von dem du möchtest, daß es Realität wird.

Das Unterbewußtsein ist der Transformator, der aus einem Gedanken Realität werden läßt. Oder als Form, Funktion oder Erleben auf dem Bildschirm des Raumes etwas erscheinen läßt. Das Unterbewußtsein transformiert Gedanken in eine niedere Schwingungsebene, nämlich in den Bereich der Materialisation. Ein Gedanke, der von dir oft gedacht wird, enthält so viel Energie, daß er diese Transformation erfüllen und sich auf eine andere Schwingungsebene begeben kann. Wenn du lange genug an einen Urlaub denkst, an eine Weltreise, an ein Haus oder was auch immer, dann wird dieser Gedanke so energetisch, so stark, daß er sich einfach erfüllen wird, erfüllen muß – im Positiven wie im Negativen. Wenn du oft genug krankmachende Gedanken gedacht hast, dann kann es nicht anders sein, als daß diese Gedanken dich schließlich krank machen. Wenn du negative, aggressive, destruktive, angsterfüllte Gefühle fühlst, kann es nicht anders sein, als daß sie sich auch verwirklichen, manifestieren, ausdrücken auf einer niedrigeren Schwingungsebene: in deinem Körper. Das ist eine Gesetzmäßigkeit, der nichts und niemand ausweichen kann.

Du kannst dein Unterbewußtsein nicht positiv oder negativ programmieren. Du kannst ihm nur etwas vorsetzen, aus dem es dann etwas macht. Und es macht immer aus dem etwas, was du ihm vorsetzt. Es ist nicht in der Lage, aus Gutem etwas Schlechtes zu machen oder aus Schlechtem etwas Gutes.

Das Unterbewußtsein hört also zu, was wir denken. Ob wir es nun aussprechen oder nicht, spielt dabei keine Rolle. Das Unterbewußtsein hört nicht das, was wir sagen, sondern das, was wir denken. Das Unterbewußtsein ist eine Ebene in uns, deren Aufgabe es ist, unser Bewußtsein von Informationen freizuhalten, die heute und jetzt im Moment nicht gebraucht werden. Millionen und Millionen an Bits oder Informationen werden im Unterbewußtsein gespeichert und dort auf Abruf bereitgehalten.

Wäre das Bewußtsein, unser Tagesbewußtsein, ständig erfüllt mit all dem, was wir wissen, wir wären nicht mehr in der Lage, ein normales Wort zu reden. Das Unterbewußtsein ist also in seiner einfachsten Struktur ein Speicher.

Das Unterbewußtsein sitzt da, wo wir denken, ohne daß ein Millimeter Leitung dazwischen ist, auf der etwas verlorengehen oder verfälscht werden könnte. Das Unterbewußtsein hört zu, was wir denken, und hat die Aufgabe, anzunehmen, daß das, was wir denken, identisch ist mit dem, was wir wollen. Je bewußter du dir wirst, daß alles ein im stetigen Wandel begriffener Prozeß der Materialisation ist und du der sich dessen bewußte, aktive Teil bist, um so früher ist der persönliche Zyklus von Werden und Vergehen unnötig geworden.

Wir erkennen: Ich bin eine Manifestation meiner geistigen Konzepte, für die ich allein verantwortlich bin.

Ich erkenne mich selbst als Manifestation, und ich erkenne in allem nicht mehr »anderes« Äußeres, sondern auch mich selbst in der Erscheinungsform des Vielfältigen. Unsere Wahrnehmung ist transzendiert. Durch die äußere Form des Wahrgenommenen scheint die Idee durch. Wir erkennen, daß das, was wir im Außen wahrnehmen, und wir selbst demselben Grundmuster entsprechen. Daß die Idee in dem äußerlich Wahrgenommenen und die Idee von uns identisch ist. Von jetzt an sind wir nicht mehr separiert, isoliert, sondern in allem enthalten!

Das Ego, das sich selbst in begrenzten Umrissen versteht, beginnt sich aufzulösen. Es verweht. Die »Wirklichkeit«, das, was wirkt, scheint durch. Die erste Hälfte des kosmischen Zyklus ist erfüllt. Der Geist, der sich selbst geschaffen hat und sich in dem selbst Geschaffenen erkennt, hört auf, weiter in Erscheinungsformen nach sich selbst zu suchen. Er hat gefunden, er ruht in sich selbst: Seine »Schöpfungsgeschichte« ist erfüllt. Er ist sich seiner selbst gerecht und mündet im All-Eins-Sein. Der Sinn der Schöpfung ist erfüllt, Selbsterkenntnis in höchstmöglicher Form erreicht.

Beginnt die zweite Halbzeit, beginnt sich diese Manifestation – »Ich«, die Materialisation – wieder zu vergeistigen. Der Geist sagt zu dieser Rückkehr, um die es im zweiten Teil des kosmischen Zyklus geht: »Niemand kommt zum Vater (Geist), denn durch mich.«

Der Ursprung liegt im Verlassen der »Unio mystica«, unserer Heimat; er vollzieht sich durch die Materialisation, die in ihren Details allein in der vollkommenen Freiheit des Bewußtseins des sich auf dem Weg befindlichen Prozesses liegt. Ist die höchste Form von Selbsterkenntnis erreicht, beginnt die Entmaterialisation oder die Vergeistigung.

Im kleinen, in unserem menschlichen Leben, haben wir sicherlich mehrmals die Chance zu erkennen: Ich bin eine Manifestation. Vielleicht der in mich hineingelegten, geistigen Inhalte, für die ich aber letztlich, ab einem bestimmten Alter, selbst verantwortlich bin.

Das bedeutet: Es mündet dort wieder, wo es angefangen hat. Die Materialisation begann im Geiste; in der zweiten Halbzeit führt sie zurück in geistige Bereiche und endet dort wieder. Das ist der Zyklus, der sich im kleinen und im großen wiederfindet.

Das Unterbewußtsein weiß, daß Denken ein kreativer Prozeß ist. Es gibt nichts anderes außer Geist, und der Geist ist immer kreativ. Das Unterbewußtsein weiß das. Es nimmt an, daß auch wir das wissen, und kann sich nicht vorstellen, daß wir so unendlich viel ins »Unreine« denken. Daß wir unendlich vieles denken, dessen Verwirklichung wir eigentlich gar nicht wollen. Daß wir so unendlich viel projizieren auf Situationen und sie damit verfälschen. Daß wir so unendlich destruktiv denken, nicht aufbauend, sondern zerstörerisch.

Das Unterbewußtsein in seiner einfachsten Funktionsebene ist der Meinung, wir wüßten um unsere Urheberschaft, unsere Schöpferkraft; wir kennten die einfachsten Geistigen Gesetze; am Anfang war der Geist, und dieser Geist wurde Wirklichkeit. Oder: Am Anfang war das Wort, und das Wort ward Fleisch. Wir kennen diese Sätze aus der Schöpfungsgeschichte des Alten Testaments. Hören wir die Worte dieses Gleichnisses, dann erkennen wir intuitiv die Richtigkeit dieser Aussage. Wir nikken an der Stelle und sagen ja. Wir haben darüber meistens nicht viel nachgedacht. Wüßten wir, was das an Verantwortung nach sich zieht, würde mancher an dieser Stelle anfangen zu polemisieren oder zu diskutieren. Denn was auf die Schöpfungsgeschichte, auf das universelle Geschehen zutrifft – am Anfang war der Geist, und dieser Geist oder seine Inhalte materialiserten sich – gilt auch für die individuelle Schiene.

Es ist völlig gleichgültig, welches Elternhaus du hast, auf welcher Straßenseite du geboren bist, welche Schulbildung du besitzt! So, wie es dem Segler auf der Nord- oder Ostsee egal ist, woher der Wind weht. Er muß in der Lage sein festzustellen, woher er kommt, und sein Segel richtig setzen. Ebenso verhält es sich auch mit unserer Geburt, mit unserer Erziehung, unserer Ausbildung, die wir so gerne verantwortlich machen für das, was wir sind oder nicht sind. Es gibt nichts anderes, außer uns selbst. Keine andere Instanz, keine Person im ganzen Universum ist verantwortlich für das, was wir sind.

Unser Intellekt rebelliert sofort gegen diese Aussage. Er zählt Argument nach Argument auf und merkt gar nicht, daß er sich auf einer individuellen Schiene von Projektion und Reflektion befindet. Er zeichnet seine Welt, seine Art zu denken. Und dennoch ist es wahr. Die Situation ist etwas, das von uns, von dir, von jedem einzelnen ausgegangen ist, und kehrt wieder zu uns, zu dir, zu jedem einzelnen zurück.

Wir leben in einer polaren Welt. Deshalb ist das, was wir wahrnehmen, nicht das, was ist. Sondern nur Interpretation eines Prozesses. Wir können das, was ist, nur wahrnehmen, wenn wir die Augen schließen, wenn wir nicht bewußt, nicht aktiv darüber nachdenken.

Gott, der Schöpfer, sei nichtdenkendes, reines, bewußtes Sein – sagt die Metaphysik.

Wir sind denkendes, bewußtes Sein. In der Relation zu uns sind Tiere, Pflanzen, Mikroorganismen, Materie, nicht-denkendes Sein. Bei den Tieren ist bei zwei Gattungen, Delphinen und Schimpansen, die Grenze erreicht, wo die Selbsterkenntnis beginnt. Es gibt einige Delphine und Schimpansen, die sich selbst erkennen, wenn man ihnen einen Spiegel vorhält. Die Evolution hat hier in diesen zwei Gattungen auch schon den Punkt der beginnenden Selbsterkenntnis erreicht.

Bei uns Menschen sollte das selbstverständlich sein. Ein kleines Kind kann sich mit wenigen Monaten selbst im Spiegel erkennen. Ein Hund, dem man einen Spiegel vorhält, denkt dagegen, es sei ein anderer Hund, und schaut sofort weg, weil die Konfrontation über den Blick mit einem Artgenossen ein Aggressionsakt ist. Er hat kein Selbstbewußtsein in dem Sinne, wie wir es haben. Wir erkennen uns selbst. Aber auch nur wenige unserer Spezies sind bereit, sich selbst im Gegenüber zu sehen. Die übliche Definition dieser Begegnung mündet im Gegenpol Du.

Ich bin ich, und du bist du. Die Erkenntnis, daß dies das Ergebnis polaren Denkens ist, fällt noch nicht leicht. Die Differenz, die mich vom Ich zum Du führt, spielt sich nicht nur im Unwesentlichen der Gesamterscheinung ab. Nur das Zeitliche, Begrenzte, Körperliche – Egoistische läßt uns auf Unterschiede hinweisen. Das Tatsächliche, das Zeitlose, Ewige im »anderen« ist nicht von mir getrennt. Was ist es, das von sich im Sinne von »selbst« spricht?

Wir Menschen sind multidimensionale Wesen. Um es nochmals zu wiederholen: »Multi« heißt für uns nicht zwei oder zwanzig oder hundert. Multi heißt facettenreich, beinhaltet unzählige Spielarten der Seele. Viele große Medien oder Seher haben das erkannt und gesagt: Wir sind Wanderer zwischen den Welten. Oder anders ausgedrückt: Wir sind Medien.

Ein Medium ist ein Mittler; so ist Kupferdraht beispielsweise ein Medium, das Strom von A nach B vermittelt. Wir Menschen sind Medien zwischen Himmel und Erde. In unserem Sein verbinden wir Erde und Himmel. Wir sind auf diese Welt gekommen, um hier als lebendige Transformatoren zu wirken. Unsere Aufgabe ist: das Dunkle in das Helle zu verwandeln, das Niedere zu erhöhen.

Wir kennen die Geistigen Gesetze. Aus unserer Erfahrung, mehr noch aber aus unserem intuitiven Empfinden heraus. Wir wissen, daß eine einzige intuitive Erkenntnis manchmal in einer Sekunde -zig Stunden harte Geistesarbeit ersetzen kann. Das ist die Richtung, die jetzt für uns ansteht.

Indische Philosophen sprechen von der »Intelligenz des Herzens«. Einer Intelligenzform, die der Intelligenz des Intellekts tausendfach überlegen ist. Wenn wir nach einem Weg suchen und einen intellektuell begründeten Weg finden, kann es ein Irrweg sein. Ist es aber ein Weg des Herzens, ist es immer ein guter Weg.

Unser Unterbewußtsein ist Speicher; es hört zu, was wir denken. Es hat auch die Funktion eines Tonbandes. Es nimmt auf und gibt das Aufgenommene wieder. Das Unterbewußtsein hat nie die Aufgabe, das Aufgenommene zu interpretieren. Wenn du eine Kassette in deinen Recorder einlegst, würdest du dir verbieten, daß sie zu der Aufnahme ihren Kommentar abgibt.

Guter Vortrag, schlechter Vortrag, gute Musik, schlechte Musik – das hat die Kassette nicht zu bestimmen. Das ist doch deine Entscheidung, die deines Bewußtseins, ob du etwas aufnehmen willst und was du später davon hältst.

Das Unterbewußtsein nimmt also auf, was du denkst, und beurteilt nicht. Man könnte es mit einem Bankkonto vergleichen. Was man auf sein Konto einzahlt, bleibt drauf und vermehrt sich durch die Zinsen. Bist du allerdings im Minus, sorgt eben der Zinseffekt dafür, daß deine Schulden sich ebenfalls vermehren.

Dein Unterbewußtsein funktioniert genauso. Die Positivität, die du in es hineinlegst, das Konstruktive, Lebensbejahende, die aufbauenden Denkmuster – all das wird gespeichert und durch den »Zinseffekt« vermehrt und verstärkt. Aber dieses Prinzip gilt ebenso für die schwarze Seite: Auch die Destruktivität, die Negativität, die Ängstlichkeit, die Befürchtungen und die Zweifel, die wir mit unserem Denken in unser Bewußtsein bringen, werden gespeichert und durch den »Zinseffekt« multipliziert. Das, was wir denken, wird auf der Ebene des Raumes in Form, Funktion oder Erleben zum Ausdruck kommen müssen. Es kann nicht anders sein. Wenn wir diese Erkenntnis übernehmen und aktiv in unseren Alltag integrieren, wird es von Schritt zu Schritt immer leichter, den Kurs, den wir in diesem Leben einschlagen wollen, bewußt zu gehen. Manchmal sind dazu Irrwege notwendig, weil wir zunächst am Beginn unseres Weges noch nicht sensibel genug sind. Diese Sensibilität entwickelt sich im Laufe der Jahre durch den Reifeprozeß weiter, den wir Menschen durchlaufen.

Ein anderes schönes Bild: Das Unterbewußtsein läßt sich auch gut als Garten vorstellen – und du bist der Gärtner. Du überlegst dir, was in deinem Garten wachsen und gedeihen kann. Wie sieht dein Garten aus? Mußt du ihn vorbehandeln, oder ist er schon zum Pflanzen bereit? Trifft Letzteres zu, mußt du nur noch entscheiden, was du pflanzen möchtest. Oder, noch richtiger, was du *ernten* willst.

Denn selbstverständlich mußt du das pflanzen, was du später ernten möchtest. Denn alles gedeiht nach seiner Art. Eine so elementare Wahrheit, daß wir sie oft nicht mit Leben erfüllen, sie nicht genügend zur Kenntnis nehmen. Noch niemals wurde aus einem Apfelsamen ein Birnbaum, aus einem Distelsamen eine Feige. Alles gedeiht nach seiner Art! Negatives muß Negatives hervorbringen, Positives muß Positives hervorbringen.

Das Unterbewußtsein ist in dieser Funktionsebene zwingend. Es zwingt dich, das zum Ausdruck zu bringen, was du durch dein Denken initiiert hast.

Denken, sagten wir anfangs, Denken ist ein kreativer Prozeß. Es ist der einzige kreative Prozeß. Es gibt nichts, was nicht aus dem Denken entstanden wäre. Der ganze Kosmos ist ein Akt eines kreativen Geistes, den dieser Geist irgendwann einmal in Szene gesetzt hat. Der ganze Kosmos ist entstanden aus dem Geist, den wir Schöpfer nennen. Worte für einen geistigen Prozeß, für eine Schöpferkraft, die wir nicht in Worte kleiden können, die wir nicht fassen können, so alt wir auch werden mögen, wohl niemals, solange wir Mensch heißen. Solange sind wir nicht in der Lage, diese Kraft zu verstehen. Wenn wir sie erkennen, können wir sie nicht nennen; wenn wir sie nennen, können wir sie nicht erkennen. Und trotzdem strebt das meiste Geistesgut der Menschheit nach diesem Erkennen. Wir sind auf der Suche nach jenem, wo alles herkommt, in das alles mündet. Wir wissen, daß wir aus dieser Quelle stammen und daß wir nach dorthin zurückkehren. Wir wissen, daß wir unterwegs sind, wir alle.

Aber wenn man fragt, wo die Reise hingeht, dann bleiben wir die Antwort schuldig. Eigentlich ein interessanter Sachverhalt. Wir wissen alle, daß wir unterwegs sind, aber keiner, woher, warum, wohin. Wir gehen mal in jene Richtung, mal in die andere. Es sei denn, wir beginnen die Geistigen Gesetze zu praktizieren. Die sagen uns: Bevor du losgehst, überleg dir doch mal, wohin du gehen willst! Vielleicht gibt es Hilfsmittel. Vielleicht gibt es Landkarten. Vielleicht gibt es einen Kompaß. Vielleicht kannst du einen Reiseführer mitnehmen. Vielleicht kannst du unterwegs jemanden ansprechen; das sind Hilfsmittel auf deiner Reise.

Mit dem Intellekt allein sind diese Geistigen Gesetze nicht zu beweisen; intuitiv aber erkennen wir sie als richtig. Es hat alles seinen Ursprung und auch sein Ziel. Und je früher wir danach fragen – nach dem Woher, dem Ziel, dem Wohin –, um so früher können wir auch diesem Ziel, dieser Aufgabe entsprechen.

Das Unterbewußtsein ist ein Diener der Evolution. Du kannst als Vergleich auch ein großes Schiff heranziehen. Dort entscheidet der Kapitän über den Kurs, und die Mannschaft führt seine Befehle aus. Die Übertragung: Der »Kapitän« ist das Bewußtsein, die Mannschaft das Unterbewußtsein.

Entscheiden wir, wohin wir wollen! Wir sollten uns klare Ziele setzen.

Wenn du ein Ziel hast, ob nun bewußt oder unbewußt – bewußt wäre es allerdings effektiver –, und es bildhaft geistig vor deinem inneren Auge umsetzen kannst, dann fängt das Unterbewußtsein, das keine andere Aufgabe hat, an, diese bildhafte Vorstellung zu materialisieren. Das Unterbewußtsein ist jene Instanz, in der Gedankengebäude, Gedankengebilde, geistige Vorstellung von Situationen, Gegebenheiten, Umständen umgesetzt werden in die physikalische Welt. Im Unterbewußtsein werden sie in das physikalische Universum transformiert. Ein Gedanke ist eine geistige Größe in einer Dimension, die wir als metaphysisch bezeichnen; die geistige Dimension, in der kein Raum und keine Zeit existieren.

An dieser Stelle möchte ich Visualisierungstechniken ansprechen. Die Sprache des Unterbewußtseins ist die Sprache der Bilder. Wenn wir ein Ziel haben, sagt die Theorie, sind wir auf dem Wege. Die meisten Menschen sind wie jener Fahrgast, der alle hundert Meter dem Taxifahrer ein neues Ziel angibt, worauf ihn dann der bayerische Taxifahrer nach dreihundert Metern raussetzt und der Hamburger nach fünfhundert. Also ist es wichtig zu wissen, was du willst. Du kannst deine Wünsche individuell gestalten, du kannst aber auch das Prinzipielle für dich selbst in Anspruch nehmen.

Wichtig ist, daß du dir darüber klar bist: Die Sprache des Unterbewußtseins ist die bildhafte Sprache! Das Unterbewußtsein versteht kein einziges Wort! Nehmen wir es jetzt einmal wörtlich: nicht ein einziges Wort. Es versteht nur den bildhaften Anteil, der hinter dem Wort steht. Das ist wichtig zu wissen. Wenn du dir also in formelhaften Sätzen eine Suggestion gibst, dann wirkt nur der bildhafte Anteil dieser Suggestion. Dem Unterbewußtsein werden Ziele durch Affirmationen, Suggestionen in bildhafter Form zur Weiterverarbeitung angeboten. Suggestionen sollten generell Bejahungen sein.

Die Natur denkt in Lösungen. Eine Suggestion sollte also auf eine Lösung bezogen sein, sollte eine Affirmation, eine Bejahung sein. Das heißt, wenn ich etwas bejahe, dann bejahe ich meine Gesundheit und nicht: Ich bin gegen meine Krankheit.

Die Natur denkt in Lösungen; gemeint ist: Sie versucht, Gesundheit wiederherzustellen, wenn dieses Gleichgewicht von Harmonie gestört ist. Denken ist ein Schöpfungsakt. Und wir können, indem wir unseren Geist gegen etwas richten, das, wogegen wir sind, nicht wegschöpfen, wegschaffen oder wegkreieren.

Beispielsweise *gegen* Krieg zu sein führt zu einem enormen Anwachsen unseres Wissens über die Existenz und Eigenschaften von Krieg. Unser Bewußtsein ist erfüllt von etwas, das wir auf keinen Fall wollen. Unser Ziel kann nur Frieden sein, und somit muß unser geistiger Horizont darauf ausgerichtet sein. Wer an Krieg denkt, schafft die geistige Matrize für Krieg. Wer Krieg verhindern will, könnte auf den dummen Gedanken kommen, das notfalls mit Waffen verhindern zu wollen. Waffen um des Friedens willen?

Wer Frieden will, sollte nicht gegen den Krieg sein, sondern einzig und allein FÜR Frieden. Würden die Menschen (Massenmedien) soviel über Frieden berichten, wie sie das vom Krieg tun, hätten wir weltweiten (ewigen) Frieden. Es ist die (geistige) Verbreitung des Bewußtseins-Potentials, das wir mit Frieden verbinden, was dann zur Realisation führt.

Ob Krieg oder Frieden – Bewußtseinsinhalte müssen sich manifestieren. Ist mein Bewußtsein auf etwas gerichtet, was nicht zweckmäßig, sondern im Gegenteil leidvoll, problematisch und ungut ist, wird mein Unterbewußtsein diese Inhalte manifestieren. Deswegen haben wir so viele Probleme auf der Welt. Weil wir angefangen haben, nur noch von Problemen zu reden. Wir denken nur noch in der Kategorie »Probleme«: Zeitung, Rundfunk, Fernsehen sind voll von Problemen. Hätten wir die Kapazität unseres Bewußtseins, die Kreativität unseres Geistes auf Lösungen gerichtet, dann hätten wir nur einen Bruchteil dieser Probleme, aber viele Lösungen. Wir setzen die Kreativität unseres Geistes an der falschen Stelle ein.

Doch kaum jemand ist sehr fortgeschritten bei diesem Versuch, aus einem Problem eine Lösung zu entwickeln. Wir sollten anfangen, wie die Natur in Lösungen zu denken. Wenn die Natur irgendwo etwas sieht, was nicht ideal angepaßt ist, dann fängt sie an, besser anzupassen. Wir nennen diesen Prozeß Evolution. Menschen haben hier etwas verselbständigt, was destruktiv, lebensverneinend und zerstörerisch ist.

Brainstorming – der freie Fluß der Gedanken – wird immer öfter in Wirtschafts- und Industrieunternehmen eingesetzt. Die Mitarbeiter sitzen zusammen und lassen ihrer Phantasie, ihren Gedanken freien Lauf, um der Lösung von Problemen näherzukommen. Allerdings treten auch hierbei – gerade auf Firmenebene – Konkurrenzkämpfe auf. Jeder versucht recht zu haben.

Alle wissen zwar, sie sind zusammengekommen, um eine Lösung zu finden, aber sie bleiben dennoch auf der Ego-Ebene stehen. Selbst wenn der andere im Recht ist, kann der eine ihm das nicht zugestehen und macht es ihm wieder kaputt. Diese menschliche Schwäche verhindert in sehr vielen Firmen den Erfolg.

Dabei könnte die Verständigung ganz leicht sein. Warum nicht einfach einmal den ersten Schritt tun und sagen: »Das ist also das Ergebnis deines Denkens. Ich verstehe es nicht so ganz, bitte erkläre mir das noch mal. Und dann laß mich danach erzählen, wie ich das sehe, ich habe das immer von einer anderen Seite gesehen.«

Und schon ist eine Verbindung entstanden zwischen diesen Menschen. Da geht es nicht um recht haben, da werden Potentiale ausgetauscht, da wird wirklich Information vermittelt, kann etwas Kreatives geschehen. Alle gehen befriedigt aus der Besprechung, es gibt keinen Verlierer. Alle haben dazu beigetragen: Synthese ist das Ziel.

Wenn jemand zu uns kommt und sagt: »Ich habe ein Problem!«, dann gibt es zwei Möglichkeiten. Entweder wir hören nett und freundlich zu. Oder aber wir sagen: »Das interessiert uns überhaupt nicht.«

Dann schaut der Fragende groß und fühlt sich mit Sicherheit zurückgestoßen. Bevor er zu leiden beginnt, erklären wir ihm unseren Ansatz, der wirklich auf den allerersten, oberflächlichen Blick hart und herzlos wirkt: Was uns an dir interessiert, ist, was du von diesem Leben willst. Uns interessiert nicht, was du *nicht* willst. Dir geht es doch um die Lösung, nicht um das Problem. Sag uns statt dessen, was du vermagst, was du möchtest. Was du dir wünschst. Sag uns, wo deine Gedanken hineilen, damit eben das Realität werden kann. Laß uns darüber reden. Dann erkennst du, daß wir recht haben.

Schau dir deine eingefahrenen Denkmuster an – das ist dein einziges Problem! Dein Festgefahrensein in der »Problem-Kategorie.«

Dieses Erkennen war einer der wesentlichen Gründe, die mich zur Entwicklung unserer speziellen Hypnosetherapie veranlaßt haben. Begegnest du einem Kranken, einem Leidenden, so steckt er meist so tief in seinem Bewußtsein von Krankheit und Leid, daß es fast unmöglich ist, ihn allein durch das Gespräch herauszuholen.

Wissenschaftliche Untersuchungen haben ergeben, daß im Gespräch nur ein begrenzter Informationstransfer möglich ist. Gezielter und gründlicher setzt hier die Hypnosetherapie an: jemanden in einen Zustand zu versetzen, in dem seine linke Hirnseite, seine Ratio, ein bißchen weniger aktiv ist.

Man sagt, der Intellekt sei der Wächter am Tor zum Unbewußten. Und dieser »Wächter« wird in der Hypnose etwas auf »stand by« geschaltet.

Wir sagen ihm: »Es ist alles in Ordnung. Du kannst jetzt ganz ruhig sein. Es ist alles bestens, und du brauchst jetzt gar nicht aufzupassen.«

Wenn man das lange genug sagt, dann wird er tatsächlich ein wenig schläfrig, so wie das jetzt schon unter Umständen zu wirken anfängt...

Ich habe auf dieser Seite etwas von jenem Gefühl verankert, es ist beruhigend, angenehm, entspannend. Spürst du es? Und es passiert sehr schnell, daß dieser Wächter ein kleines Nickerchen macht; dann können wir in das Unterbewußtsein Informationen hineinlegen oder herausholen.

Wir können Erinnerungen herausholen: Was war damals vor 20 Jahren? Oder Suggestionen hineinlegen: Ich bin eine starke, positive Persönlichkeit, voller Selbstvertrauen.

Wenn ich von Kopf zu Kopf dem anderen sage: »Du bist eine starke, positive Persönlichkeit!«, dann antwortet er: »Na ja, hört sich nicht schlecht an; aber, mein Gott, die Botschaft höre ich wohl, allein, mir fehlt der Glaube.«

Deshalb wird in dieser Suggestionstherapie das Bewußtsein ein bißchen gedämpft, dieser Wächter am Tor dazu gebracht, nicht jedem den Ausweis abzuverlangen, nicht jede Information zu überprüfen, ob sie rein oder raus darf.

Ein Gedanke hat kein Gewicht. Aber wir wollen manchmal in Gleichnissen sprechen.

Nehmen wir an, ein Gedanke hat das Gewicht eins, dann hat ein Gedanke, der tausendmal gedacht wurde, doch sicherlich das Gewicht tausend. Er ist gewichtiger, schwerwiegender, gravierender.

Und so können wir einen Gedanken in das Unterbewußtsein hineinlegen, und durch die Wiederholung dieses Gedankens wird dieser Gedanke schwergewichtiger, prägnanter. Er wird prägender, beeindruckender.

Das Unterbewußtsein hört, was wir denken; stellt es fest, daß bestimmte Gedanken wiederholt werden, beginnt es mit ihrer Umsetzung.

Dabei tritt ein kleiner Verzögerungsmechanismus ein, der

auf seiner Erfahrung unserer Wandelbarkeit beruht. »Heute denkt er/sie das, morgen etwas anderes«, so könnte das Unterbewußtsein sich sagen. »Warten wir mal lieber ab, ob er/sie dabei bleibt: Ich bin gesund. Ich bin erfolgreich. Ich bin glücklich. Oder ob es dann nicht wieder heißt: Ich bin erfolglos. Ich bin krank. Ich bin unglücklich.«

Warten wir mal ab, sagt diese kleine Intelligenz unseres Unterbewußtseins – und wartet ab.

Wiederholt sich also ein Gedanke, dann entnimmt diese kleine Intelligenz dem Unterbewußtsein: »Das scheint es zu sein, was der Boß will.«

Der Boß – das Bewußtsein – drückt durch diesen Gedanken seinen Wunsch aus. Ist dieser Gedanke destruktiv, dann hat das Unterbewußtsein nicht die Freiheit, uns das zu melden: »Vorsichtig, hier schaffst du Krankheit!«, sondern fängt an, dieses Denken zu manifestieren. Wer glaubt, sich irgendwo anzustecken, hat eine größere Chance sich anzustecken, als ein anderer, der das nicht glaubt.

Das sind Dinge, die schon Tausende von Jahren bekannt sind. Daß das Immunsystem aus der Psyche heraus gesteuert wird. Daß das Hormonelle aus der Psyche heraus gesteuert wird. Daß die Schaltstelle von Psyche und Körper die Hormonebene ist. Daß jemand sich wahrscheinlich eine Infektion holt, wenn er Angst hat vor einer Infektion.

Und der andere, der sagt: Was interessiert mich das, hat eine große Chance, ungeschoren davonzukommen.

Ich bekomme alle zwanzig Jahre mal die Grippe.

Es gibt einige, die sich jedes Jahr eine Grippe leisten. Das ist aber nicht, weil da ein Gesetz wäre, das sie zwingen würde, eine Grippe zu bekommen, sondern weil sie in der Grippezeit geradezu darauf warten: »Jetzt ist Grippezeit, und ich bin anfällig.« Und diese Meinung führt dann fast zwangsläufig zur Infektion.

Es ist nicht die Infektion, der Erreger, der diese Macht hat, sondern du: Du verleihst sie ihm!

Das Unterbewußtsein hört – sehr aufmerksam – zu und manifestiert. Fangen wir also an, auf unsere Gedanken zu achten!

Wissenschaftler haben festgestellt, daß wir bis zu 50000 Gedanken am Tag haben. Eine ordentliche Menge! Dabei müssen wir uns fragen: Wann fängt ein Gedanke an? Wann hört er auf? Denken wir mehrere Gedanken zur gleichen Zeit? Wie lang ist ein Gedanke?

Auf jeden Fall fließt ein ständiger Strom von Gedanken in uns, der unsere Zukunft bestimmt, denn er ist ja der Ursprung alles Gewordenen. Der Gedanke ist die erste Manifestation dieses Geistes.

Das ist es, was du lernen, was du beachten solltest, wenn du dich auf den Weg des Bewußtseins begibst: auf den Tenor deiner Gedanken und ihrer prinzipiellen Inhalte zu achten.

Wie sind sie eingefärbt?

Welcher Meinung bin ich über mich selbst?

Ist es die Meinung, die mir in meiner Kindheit vermittelt wurde? Oder die, die ich mir als autonomer Erwachsener über mich gebildet habe?

Hier gilt es, Sensibilität und Sensitivität für dich selbst zu entwickeln! Das ist im Gespräch mit Freunden möglich, bei einem Spaziergang durch die Natur, während der Meditation, durch Erfahrungen während unserer Seminare.

Der erste Schritt ist auf jeden Fall entscheidend. Du beginnst, deine Gedankeninhalte zu überprüfen.

Das ist leicht gesagt und schwer getan.

Wir können unsere Bewußtseinsinhalte innerhalb weniger Sekunden verändern. Sie aber geändert halten, ist etwas anderes! Es geht nur durch die Wiederholung von Aussagen, von Affirmationen; denn die Wiederholung ist der stete Tropfen, der den Stein höhlt.

Und die Wiederholung ist das Entscheidende für das Unterbewußtsein, damit es überhaupt versteht, worum es geht, was wir wollen. Nur aus der Wiederholung wird das Wiederholte gewichtiger. Es wird in meinem Universum mehr Raum greifen, indem ich einen Gedanken durch Wiederholung verstärke.

Wir sind zielstrebig, wenn wir einen Gedanken wiederholen, bis wir wissen, daß er angekommen ist.

Jetzt gibt es zwei Wege: Der eine wiederholt weiter, weil er denkt: »Ich muß nachschieben, das Unterbewußtsein muß schließlich jeden Tag gesagt bekommen, was ich will. Und tut das.«

Der andere sagt: »Nein, ich kenne ja die Geistigen Gesetze. Das ist nicht nötig. Ich brauche nicht nachzuschieben. Ich habe in meinem Unterbewußtsein hinterlassen, was ich will. Jetzt kann ich auf die Geistigen Gesetze vertrauen und daß sich ganz genau das manifestiert, was ich da veranlaßt habe.«

Und er hört auf zu suggerieren, er vertraut, und dann geschieht das, was er glaubt, das, worauf er vertraut.

Und der andere, der nachschiebt, weil er nicht vertraut, weil er denkt: »Na ja, immer ein bißchen nachschieben ist ja nicht schlecht« – der wird die Erfahrung machen, daß es lange dauern kann, bis es funktioniert.

Und der erzählt dann nachher, daß alles nur bedingt funktioniert. Wie viele Jahre wollte er schon reich werden!

Und wenn man ihn dann fragt: »Ja, wie schaut es denn mit deinem Selbstwertgefühl aus? Glaubst du denn überhaupt, daß du in der Lage bist, das zu manifestieren, was du da suggerierst?«

Vielleicht dauert es eine Weile, bis er zur Wahrheit kommt. Dann fängt er an zu weinen und sagt: »Nein, das glaube ich eigentlich nicht. Ich bin ein Versager.«

Das ist seine wahre Meinung über sich und die Suggestion: »Ich bin erfolgreich« war nur aufgesetzt und nützt in diesem

Fall überhaupt nichts. Wir können im Kopf wollen, was wir wollen, es nützt nur dann, wenn es auch unserer Überzeugung entspricht.

Das, was wir auf das, was wir wollen, bezogen *glauben*, ist entscheidend.

Oberflächliche Suggestionen, von unserem Selbstwertgefühl angezweifelt, bewirken nichts! Wichtig ist die Frage: Glaubst du wirklich an das Potential in dir? Glaubst du, das zu vermögen, was du dir wünschst? Wenn du darauf mit einem ehrlichen Nein antwortest, bist du schon einen wichtigen Schritt auf deinem Weg vorangekommen. Willst du nämlich dein Leben ins Positive verändern, mußt du dir zunächst über die Destruktivität klar werden, die in diesem Fall – noch – und ich betone: noch – in deinen Gedanken steckt.

Deshalb verdienst du auch noch nicht viel Geld, deshalb mußt du viele Stunden am Tag arbeiten, um über die Runden zu kommen.

Wenn wir Arbeit als den Maßstab für Geldverdienen betrachten, dann müßte doch derjenige im Steinbruch, der wirklich mit Pickel und Meißel Steine bricht, am meisten auf unserer Welt verdienen. Das stimmt nun leider nicht. Er verdient sehr wenig, weil körperliche Kraft nicht entscheidend ist. Aber hätte er angefangen, im Kopf seine Kreativität freizusetzen, hätte er vielleicht eine Maschine entwickelt, die diese Steine im Bruchteil der Zeit auf Lastwagen lädt. Und die ist ja Gott sei Dank auch entwickelt worden, so daß wir den Menschen dazu nicht mehr brauchen.

Aber es gibt viel zu viele noch, die mit Brachialgewalt etwas bewerkstelligen wollen. Die mit dem Kopf durch die Wand wollen, die Widerstand erwarten.

Jeder, der Energie einsetzt, um sein Ziel zu erreichen, erwartet Widerstand.

Da ist aber kein Widerstand. Das ist nur Fiktion. Wer glaubt, daß es schwierig ist, für den ist es schwierig. Es ist eine Frage des Glaubens. So einfach kann das sein.

Und Suggestionen und Affirmationen sind dabei so hilfreich, weil sie in der Wiederholung als das verstanden werden, was wir wollen.

Das wissen, was wir wollen, liegt in einer anderen Instanz in uns!

Hier liegt die Aufgabe des spirituell erwachten Menschen, seine Fähigkeit als Medium im Sinne des Ganzen einzusetzen. Wir sind Medien im wahrsten Sinne des Wortes. Wir ragen mit unserem Kopf in hohe geistige Sphären, in höhere Dimensionen, in den Himmel, und stehen mit den Beinen auf der Erde.

In unseren Seminaren fordern wir dich gelegentlich auf: »Stehe auf, hebe deine Hände nach oben, und empfinde dich als Medium, als jemand, der transformiert. Hilf die Schwingung in diesem Raum zu verändern! Sie ist in Bewegung geraten; hier ist ein Buddha-Feld entstanden, in dem Wunder geschehen können.

Und du kannst in deinem hohen Bewußtsein dazu beitragen, indem du ganz bewußt die Aufgabe wahrnimmst, auf der universellen Schiene jemand zu sein, der wandelt, der etwas Neues schafft. Eine höhere Schwingung in diesem Raum ist etwas Neues. Immer wenn du etwas Neues schaffst, wirst du selbst zu etwas Neuem.«

Wer seinen Geist öffnet, wer bewußtseinserweiternde Praktiken betreibt, ob in Meditation, Gesprächen, ob mit Subliminaltechnik*, wird sein Bewußtsein erweitern. Er wird sich immer mehr Dinge bewußt werden, von denen er möchte, daß sie auf

* Alle Erhard-Freitag-Kassetten erscheinen in der Edition Kraftpunkt, Augsburg.

dem Bildschirm des Raumes in Erscheinung treten. Er wird gleichzeitig immer mehr erkennen, daß mit diesen Wünschen auch die entsprechende Schöpferkraft in ihm vorhanden ist, daß er also in der Lage ist, diese Wünsche zu realisieren.

Wir könnten im Lauf von wenigen Jahren – eine Frage der Intention, mit der wir es wünschen – Meister der Imagination werden. Wir können innerhalb von kurzer Zeit erreichen, was wir wollen, auch im materiellen Bereich. Wer seinen Geist öffnet, wer sozusagen geistreich wird, durch Lektüre, durch Gespräche, durch Erkenntnisse, durch Meditation, über den Kanal der Intuition – es spielt keine Rolle, woher er Informationen bezieht –, wird dieses geistige Gut, diesen geistigen Reichtum jederzeit an der sogenannten »Börse des Lebens« in jede andere Währung umtauschen können, die er haben möchte.

Es ist ihm gegeben. Um es nochmals zu wiederholen, damit es tief in dich eindringt: Das, was irgendein Mensch kann, kannst auch du, wenn du denselben Weg gehst, dieselbe Energie einsetzt. Und jetzt kommen wir zu dem entscheidenden Punkt: Wir können denken, was wir wollen, weil wir wissen, daß unsere Gedanken Wirklichkeit werden.

Du bist das Maß aller Dinge!

Versuche in Trance zu gehen. Es ist ein Zustand, der, wenn er in einer hohen Qualität erreicht wird, dir in einer halben Stunde die Erholung von fünf oder mehr Stunden ermöglicht.

Du bist in Trance, wenn Ja und Nein aufgehört haben, wenn Plus und Minus nicht mehr existieren. Wenn du dir deiner bewußt bist, daß du da bist, wenn du wahrnimmst, ohne logischen Bezug zu dem zu haben, was du wahrnimmst. Du kannst dich in diesen Zustand hineinbegeben. Es ist eine reine Übungssache. Es kann dir nach fünf Minuten gelingen, es kann aber auch sein, daß du Jahre dafür brauchst. Es hängt ganz davon ab, wie schwierig dir das vorkommt, was du da tun willst.

Wenn du es als leicht empfindest, ist es innerhalb von Minuten möglich. Dauert es länger, sind die Jahre, die du dafür brauchtest, deine Lehrzeit. Jetzt dauert es nur noch Minuten, und du kannst von der polaren Welt zur nicht-dualen umschalten.

Schaffe dir durch Übung die Möglichkeit, dieses Umschalten in kürzester Zeit bewältigen zu können!

Hast du darin die Meisterschaft erlangt, wirst du unabhängig vom »Verstehen müssen«. Wenn du beispielsweise einem Vortrag lauschst, kannst du – in diesem neuen Bewußtsein – viel mehr wahrnehmen, als wenn du nur am Wort oder am Buchstaben hängst.

Deine Fähigkeit aufzunehmen ist abhängig von deiner Fähigkeit *wahr*zunehmen.

Die Wahrnehmungsfähigkeit ist frei von Bedingungen der äußeren Welt, wenn du lernst, »es« geschehen zu lassen.

Du bist das Maß der Dinge!

Das gilt in dem Maß, in dem du deine Schranken aufhebst und aufmachst. Wenn du weich bist, durchlässig, transparent, offen, liebevoll. Einfach nur da. Fühl dich als Energie, als Geist, als Seele, denn du bist nicht der Körper. Deinem Körper hat man einen Namen gegeben. Doch dein Selbst ist namenlos, es benutzt diesen Körper. Ein Teil deines Selbst drückt sich durch diesen Körper aus. Es ist verkörperter Geist, aber identifiziere dich nicht mit diesem Körper. Du kannst dich an deinem Körper erkennen, aber nur einen kleinen Aspekt deiner Natur. Es ist wie ein Haus, das einiges über dich aussagt. Es ist wie deine Kleidung, sie spricht von der Individualität des Trägers. Aber du bist nicht das Haus, du bist nicht deine Kleidung, du bist nicht dein Körper, du bist ein zeitloses Wesen, das einen Körper hat, der in einem Haus wohnt.

Entschließe dich dazu, in den nächsten Tagen zu gestatten, daß es geschieht.

»Es« bedeutet GOTT.

GOTT spricht durch dich. Er handelt durch dich.

Um diese Erkenntnis, wie schwer sie dir – jetzt auch noch – fallen mag, kommst du nicht herum. Versuche deine Vorbehalte dagegen aufzugeben. Laß einfach geschehen.

Wenn du magst, wiederhole dabei leise oder laut: »Es geschieht durch mich. GOTT geschieht durch mich.«

Werde dir bewußt, daß deine Taten, deine handelnden Worte, deine Gedanken nur Ausdruck dieser kreativen Intelligenz sind. Versuche das, was du als dein individuelles Sein bezeichnest, in den nächsten Stunden und Tagen in Demut zur Seite treten zu lassen. Damit »ES« durch dich geschehen kann, solange du das, was durch dich geschehen will, mit deiner Individualität formst, wird es deine Individualität prägen und in der Qualität reduziert werden.

Laß es geschehen, wie es in der Bibel heißt: Der Vater in mir tut die Werke. Der Vater ist jener Geist, durch den alles entstanden ist. Wenn du es lernst, das geschehen zu lassen, werden wunderbare Dinge geschehen. Du wirst lachen, wo du früher geweint hast, du wirst tanzen, wo du früher versteinert ausharren mußtest. Du wirst Freude haben und Freude weitergeben.

Was wir auf diesen Seiten zu sagen versuchen, ist im selben Maße einsehbar, in dem du nicht polar denkst. Bitte versuche unsere Gedanken nicht deiner Logik zur Beurteilung vorzulegen! Der Wahrheitsgehalt unserer Worte erschließt sich dir, wenn du bereit bist, mit neuen Ideen und neuen Anschauungen eine dir neue Dimension von Freiheit und Realität zu erschließen. Du wirst sehr direkte Anworten erhalten, die dir helfen, dein Leben auf eine positive, liebevolle Basis zu stellen.

Sei täglich längere Zeit in Trance, sei entspannt, und pflanze neue Samen der Liebe. Gesundheit, Reichtum und Glück sind die Folge in deinem Leben.

Setze dich jetzt beim Lesen ganz bequem hin, die Beine nebeneinander auf dem Boden, und laß ganz los in deinem Kopf. Geh ganz in dein Gefühl hinein, ein Gefühl von innerer Ruhe und Zufriedenheit, von Harmonie und Dankbarkeit. Danke dem Schöpfer, daß du so bist, wie du bist: eine starke, positive, erfolgreiche Persönlichkeit, der es gutgeht. Mit der alle anderen gern zu tun haben. Es ist gut, daß es dich gibt!

Danke deinem Schöpfer in folgender Meditation dafür.

MEDITATION

»Ich freue mich darüber. Ich bin dankbar dafür. Diesem Schöpfer, der ganz nah in mir ist. Diesem raum- und zeitlosen Wesen GOTT, mit dem ich sprechen kann, dem ich sagen kann, was ich möchte. Der mir hilft, meine Wünsche zu verwirklichen. Der mich aber auch, wenn ich es erbitte, führt, zur rechten Zeit am rechten Ort zu sein.

Mein Herz ist von Dankbarkeit erfüllt. Ich habe dieses Gesetz verstanden, daß das dankbare Herz Gott näher ist. Und ich nehme mir vor, dieses Gesetz zu praktizieren. Ich bin dankbar, daß ich so reich bin, daß ich so viele Freunde habe, daß ich so gesund bin, daß ich so erfüllt bin von vielen Gedanken. Ich bin dankbar für alles, was ist. Und ich bin dankbar, daß ich bin. Und daß ich so bin, wie ich bin.

Danke, Vater, daß du mich geschaffen hast, ich werde dich jetzt öfter fragen, was ich für dich tun kann. Wie ich meine Mitmenschen motivieren kann, wie ich meinen Kunden besser dienen kann, wie ich anderen Menschen besser helfen kann. Ich lasse mich durch dich inspirieren. Ich weiß, daß du manchmal in einer leisen Stimme antwortest, manchmal in einem Gefühl, manchmal in einer Intuition und auch in Visionen. Ich entwickle mich. Meine Sensibilität wächst. Meine Sensitivität wächst. Ich werde täglich einmal für einige Minuten in jenen besonnten Raum gehen, in dem alles auf ewig bekannt ist. In dem, noch bevor ich die Frage gestellt habe, die Antwort vorhanden ist.

Wenn ich in diesen Raum hineingehe, finde ich Lösungen. Ich brauche dort nicht hingehen mit einer Frage; ich gehe dorthin und erhalte eine Antwort. Mir wird einfach gesagt, was ich tun kann. Wohin ich meine Schritte lenken soll und wie ich mich verhalten soll, wenn Menschen zu mir kommen, die Hilfe brauchen. Du führst und lenkst mich.

Gott, ich weiß, daß meine Gedanken deine Gedanken sind und meine Taten deine Taten. Ich weiß, du denkst, sprichst und handelst durch mich, und dafür bin ich dankbar.

Ich will mich in Zukunft mehr den inneren Werten zuwenden. Wieviel davon mir auch immer schon bewußt sein mag; es wird in Zukunft mehr sein. Am Rand meiner Tätigkeit werde ich immer etwas Aufmerksamkeit aufwenden, mich mit dem Sinn des Seins zu beschäftigen. Mit der Frage, was ich tun kann, um mein Dasein zu erfüllen. Womit ich der Schöpfung dienen kann, den anderen Menschen, der Natur, den Pflanzen, den Tieren.

Ich stelle mir vor, wie die Welt schöner sein könnte. Ich habe eine Vision einer schöneren, besseren Welt. Ich weiß, daß alles seinen Ursprung im Geist hat, und ich erschaffe in meinem Geist eine neue Welt.

Ich stelle mir die Welt voller Frieden, Harmonie, voller Schönheit, Verständnis vor. Die Menschen reichen einander die Hand; sie gehen langsamer, sie verweilen länger im Gespräch, sie umarmen sich öfters. Sie lachen. Jeder hat Zeit, hat Freunde, fühlt sich geliebt. Ich gehöre dazu. Die Menschen diskutieren, lachen und scherzen. Sie gehen einer gutbezahlten Arbeit nach, die ihnen Freude macht.

Ich bin ein Lifter, der anderen hilft, weil ich das zu meiner Aufgabe gemacht habe. Ich freue mich, daß es so ist.

Mein Herz ist von Dankbarkeit erfüllt. Gottes Liebe erfüllt meine Seele. Diese und ähnliche Gedanken will ich täglich in meinem Geist kreisen lassen, um mich daran zu erfreuen. Mich davon berühren lassen, mich davon leiten lassen. Wenn ich im Ge-

spräch mit jemandem bin, der ganz sachliche Informationen von mir will, dann werde ich nebenbei noch, wenn ich die Informationen gebe, ihm sagen: »Ich begrüße das Göttliche in dir. Schön, daß es dich gibt, ich erlebe jetzt deine Schwingung. Ich fördere dich. Danke, daß du da bist und daß du so freundlich bist.«

Und jemandem, der mir ein ganz kleines bißchen näher steht, werde ich sagen: »Ich habe dich lieb!«

Ich bin innerlich rein, ich bin ein Förderer des Natürlichen. Ich fördere das Gute, Natürliche, Gottgleiche.

Fortan verrichte ich alles, was ich tue, ruhiger und gelassener. Ich sehe die anderen, die gleich mir ihre Werke tun, fasziniert zu und erkenne sie als meinesgleichen. Auf die, die noch hastig unterwegs sind, wirke ich durch positives Vorleben ein. Ein bißchen Vorbildlichkeit nehme ich mir jeden Tag vor. Den anderen durch meine Augen, die Fenster meiner Seele, in mich hineinschauen zu lassen. Immer wieder eine kleine Umarmung, ein warmer Händedruck.

Wenn jemand in Not ist, dann höre ich ihn an und helfe ihm. Ich lehre ihn in wenigen Worten durch mein Vorleben die rechte Art zu denken. Ich zeige ihm, wie einfach und schön es ist, lebensspendende Gedankenmuster zu denken. Ich mache ihm bewußt, daß er Teil der Ordnung des Kosmos ist.

Ich erkenne mich als jemand, der diese frohe Botschaft auch ohne viele Worte lebt. Denn Worte sind nicht der wahre Träger von Informationen; Vorleben, eine freundliche Geste, ein herzliches Lächeln, eine Berührung, ein dankbares Wort bewirken mehr als lange Reden.

Ich richte meinen Geist und mein äußeres Tun auf diese Erkenntnis aus. Gott führt und lenkt mich allezeit und wird mir den besten Weg zur Erfüllung meines Lebens, auch zur Erfüllung meiner Wünsche weisen.

Ich schicke jetzt freundliche Wellen von mir aus, die die Schwingung in diesem Raum weiter transformieren.

Ich bin in allem, alles ist... in mir. Ich bin verbunden mit den anderen, spüre ihre Energie. Ich bin dabei ganz gelassen, gelöst und entspannt, in Harmonie mit mir und mit GOTT.

Ich rufe allen zu: »GOTTES Liebe erfüllt deine Seele.«

Und jetzt löse ich mich aus diesem Raum und gehe auf die Straße; ich sehe die anderen Menschen, ich begegne ihnen. Aber ich bin unsichtbar und nicht in meiner physischen Gestalt anwesend. Sie können durch mich hindurchgehen. So wie auch ich durch sie hindurchgehen kann.

Ich bin immateriell. Ich erhebe mich im Geiste in die Höhe, erhöhe meine Schwingung, bis Vergangenheit, Gegenwart und Zukunft zu einem großen Blick verschmelzen und mir eine neue Einsicht der Dinge zuteil wird. Aus dieser Einsicht heraus sehe ich den anderen, wie der Schöpfer ihn gemeint hat.

Und weil ich den anderen liebe, sage ich ihm, wie der Schöpfer ihn gemeint hat, was er sich wohl gedacht hat. Weil ich in dem anderen, meinen Nächsten, liebe wie mich selbst, sage ich ihm: »Gott hat dich nach seinem Ebenbild geschaffen. Freue dich mit mir darüber! Du bist eine Tochter, ein Sohn des lebendigen Gottes!«

Ich sage es in den Worten, die der andere annehmen kann. Ich sehe den anderen, wie Gott ihn gemeint hat. Ich sehe ihn in goldenem, gleißendem Licht, strahlend schön und gesund, zufrieden und harmonisch.

Ich weiß, Fremde sind Freunde, die ich noch nicht kennengelernt habe.

Ich kann aber auch zu Verwandten gehen, zu Freunden, Kollegen und Vorgesetzten und sie um Verzeihung bitten für Mißverständnisse, die es zwischen uns gegeben hat.

Ich kann mich an meinen Partner, meine Kinder, meine Eltern wenden und um Verzeihung bitten.

Ich danke Gott, daß es so ist!

Ich schaue nach vorn, und Gottes Liebe ist das Licht, das mir den Weg leuchtet. Diese Liebe bringt mir die Botschaft, daß das, was vor mir liegt, gut ist, recht und schön.

Danke, Vater, daß es so ist!

Du bist aufgrund deiner Natur, deines Menschseins berechtigt, den Segen des Allerhöchsten zu erteilen. Gehe dieses »Risiko« ruhig einmal ein und laß deinen kritischen Intellekt dabei schweigen.

Fühle dich als Stellvertreter des Allerhöchsten: Hebe deine Hände und segne!

GOTT hat keine eigenen Hände, GOTT braucht deine *Hände, damit seine Werke getan werden können.*

Somit hast du Anteil an der Schöpfung, an der Freude, aus der heraus diese Schöpfung entstanden ist. Ein unbändiger, freudvoller Gedanke muß es gewesen sein, der dieses Universum erschaffen hat. Du bist ein Teil von ihm.

Wer Informationen über Therapie und Seminare haben möchte, wendet sich bitte an folgende Adresse:

Institut für Hypnoseforschung
Postfach 200816
80008 München
Tel. 089/555284